CENAS JAPONESAS

Ronald Polito

C ENAS JAPONESAS

Crônicas de um brasileiro em Tóquio

EDITORA
GLOBO

Copyright © 2005 by Ronald Polito

Todos os direitos reservados. Nenhuma parte desta edição pode ser utilizada ou reproduzida – em qualquer meio ou forma, seja mecânico ou eletrônico, fotocópia, gravação etc. – nem apropriada ou estocada em sistema de bancos de dados, sem a expressa autorização da editora.

Revisão: Eugênio Vinci de Moraes,
Maria Sylvia Corrêa e Valquiria Della Pozza
Capa e ilustrações de capa e contracapa: Marina Oruê

Dados Internacionais de Catalogação na Publicação (CIP)
(Câmara Brasileira do Livro, SP, Brasil)

Polito, Ronald
Cenas japonesas : crônicas de um brasileiro em Tóquio / Ronald Polito . – São Paulo : Globo, 2005.

ISBN 85-250-3551-3

1.Tóquio (Japão) - Descrição 2. Tóquio (Japão) - Usos e costumes 3. Viagens - Narrativas pessoais I. Título.

05-0446　　　　　　　　　　　　　　　　　　CDD-952.135

Índice para catálogo sistemático:
1. Tóquio : Japão : Descrição e viagens 952.135

Direitos de edição em língua portuguesa
adquiridos por Editora Globo S. A.
Av. Jaguaré, 1485 – 05346-902 – São Paulo, SP
www.globolivros.com.br

*Para Átila Roque,
que viveu em Tóquio
por três anos e
viu o que eu vi.*

Sumário

Apresentação 9
Notas extemporâneas da Grande Tóquio 15
Os corvos de Tóquio 21
An egg 27
Experimentando o sumô 31
Tell me, Buda 39
Para os que partem 46
Maria Clara Machado nipônica? 51
Diferença cultural? 59
Repasto chinês 61
Que loucura! 67
Um dia em Hakone 69
No país do futebol 78
Modelitos 85
O velho moderno Midas 94
Na aurora da vida deles 105
Adynata 115
Para não dizerem que não falei de política 118

Apliques, suportes 132
Casas de intolerância 137
Médias 143
Hai! 150
Propaganda enganosa 151
Tarjas de segurança 154
Flor que se cheire 163
Meu coração na curva 164

Apresentação

Vivi em Tóquio, no Japão, durante três anos. Cheguei ao aeroporto de Narita no dia 31 de março de 2001 (ano 13 de Heisei, para o calendário japonês) e desembarquei no Galeão definitivamente de volta no dia 3 de abril de 2004 (ano 16). Fui professor visitante de uma universidade nacional japonesa e nesse período viajei para o Brasil algumas vezes. Durante os três anos morei na cidade de Fuchu, periférica se considerarmos a Grande Tóquio. Como a língua japonesa tem diversas formas de grafar a mesma palavra, aos poucos fui me adaptando ao nome de *Fuchu*, ou *Fuchuu*, ou *Fuchu-shi*, sendo que esse *"shi"* significa precisamente "cidade". Também me acostumei a chamar Tóquio de *Tokyo-to* — *"to"* significa "província" ou "estado".

Diversas coisas me levaram ao Japão: a possibilidade de uma boa remuneração para os padrões brasileiros; de desenvolver atividades de ensino e pesquisa que me interessam muito; de sair um pouco do (interior do) Brasil, onde pode ser tão difícil viver; de conhecer uma realidade muitas vezes diferente da minha, nos mínimos detalhes. Eram interessantes os elementos em jogo e eu decidi partir.

Pouco antes de deixar o Brasil, um amigo contactou um editor de uma revista eletrônica e aventou-se a hipótese de eu escrever crônicas que seriam ali divulgadas. Por outro lado, eu tinha a intenção de fazer um diário, que não vingou, tendo ficado com pouco mais de uma dezena de páginas. No fundo, o diário são os milhares de e-mails que escrevi nesse período. Chegando lá, contactei algum tempo depois o editor; ele se interessou e, então, escrevi minha primeira crônica, "Os corvos de Tóquio". Ele nunca respondeu. Mas alguns amigos também leram e se interessaram.

A partir daí, passei a escrever sobre algumas experiências que vivi, que mandei regularmente para um pequeno grupo interessado de correspondentes. Não sei exatamente por que este ou aquele "fato" geraram escritos, talvez em razão de intuir alguma unidade textual, em decorrência de elementos muito curiosos ou satíricos que passam a gravitar em torno de um tema ou mesmo de minha vida. E tentando evitar pelo menos a maior parte dos mal-entendidos que a leitura deles talvez possa gerar, não creio que faria, de certos pontos de vista, um texto muito diferente deste se estivesse escrevendo sobre o Brasil.

Os relatos, evidentemente, não se referem senão a uma parte restrita de minhas experiências no Japão, que foram intensas e extensas. Nunca poderiam também ser tomados como um painel da realidade japonesa, que conheci, apesar de tudo o que fiz, bem pouco, pois não aprendi a língua japonesa, por exemplo. Mesmo tendo freqüentado centenas de lugares, estações de trem e metrô, prédios, exposições, templos, parques, museus, ruas, Tóquio é sempre maior. Fiz ainda algumas poucas viagens pelo Japão. E essas atividades não redundaram em textos.

Apresento os relatos na ordem em que foram escritos. Comparados à sua primeira redação, eles aqui aparecem mais sintetizados. A primeira crônica é um fragmento do diário malogrado, que recuperei algum tempo depois. Em outras foram acrescentados pós-escritos e algumas levaram um bom tempo sendo feitas. Mantive o material inédito até minha volta ao Brasil porque precisava completar e me distanciar do processo. Apenas um texto, "No país do futebol", foi divulgado na revista eletrônica *Weblivros!*, e me foi pedido por Reynaldo Damazio.

Os temas e situações passavam por vezes como um turbilhão pela minha cabeça, ao mesmo tempo em que ia reunindo informações dispersas que comporiam mais tarde uma dezenas de textos. Pensei em escrever sobre muitas coisas, tinha alguns fragmentos organizados, mas o tempo era pouco e elas não tiveram força suficiente para vingar. Caberia, no entanto, registrar uma ou outra: uma viagem a Yamadera para percorrer uma parte do caminho de Oku; um fim de semana em Kyoto visitando templos, jardins de pedra e outros jardins; um dia azul e branco próximo do Fuji, atrás de uma vidraça de um *onsen* (água termal) no último andar do hotel, vendo o monte bem próximo, a um palmo do nariz, imerso numa enorme banheira quente e muita fumaça no ar. Um texto só sobre os jardins de pedra. Outro sobre os jardins. Um dia em Kamakura, um em Yokohama. Prédios pós-modernos (o Tokyo International Forum, por exemplo). Museus (muitos). A exposição retrospectiva nos quinhentos anos da morte do pintor Seshyu. A descrição mais detalhada das coisas que podemos encontrar dentro de um supermercado. Ou de uma garagem. O interior das casas de famílias japonesas que conheci mais de perto ou o que vi de uma casa passando e estando a porta aberta. Os mapas do traçado da cidade em cada quadrante dela e tentar encontrar um lugar a partir deles. Os dados mais animadores e engraçados da experiência de ensinar a língua portuguesa para jovens japoneses. Uma tarde na Tokyu Hands. Os jardins do Palácio Imperial. Cartazes (políticos, líricos, antropológicos), *buttons*, fotos, avisos, bibelôs, textos, *walkie-talkies*, legendas e enfeites de natal das portas dos professores universitários. O chá de flor de cerejeira. O narrador do *bunraku* (teatro de bonecos).

Relendo agora o conjunto, percebo que talvez tenha privilegiado as coisas que me pareceram mais diferentes, estranhas ou absurdas nos comportamentos, nos objetos, nos espaços públicos e privados, nos corpos, a partir dos quais é possível intuir aspectos hilariantes. Isso possivelmente decorre de uma perspectiva meio irônica de encarar as coisas em geral. Não sei, o leitor julgará os resultados. Há, também, uma certa pretensão de objetividade em diversos momentos, tanto quanto de subjetividade em outros. Mas o leitor encontrará também muitas outras coisas, como o cotidiano, o fortuito, o espanto e o lírico.

Os nomes ou mesmo os gêneros das pessoas que estão presentes nos textos foram suprimidos ou alterados, já que não quero expô-las a situações porventura constrangedoras. Isso porque gosto muito delas, adquiri bons amigos nos anos em que vivi em Tóquio e eles fizeram de tudo para que eu tentasse me sentir bem num ambiente em grande parte estranho.

O Japão foi um lugar de que eu aprendi a gostar, com dificuldade e esforço. A hipótese de que eu possa não voltar a ver Tóquio é bem amarga, pois é uma cidade fascinante de muitos pontos de vista. Como seria bom estar andando agora por Shinjuku ou ir ao parque de Ueno. Encontrar um amigo e irmos juntos a um museu ou comprar CDs.

Mas *Cenas japonesas* parece parafrasear as *Crônicas marcianas*. Porque, para um brasileiro, o Japão é outro planeta e vice-versa. Talvez estes meus textos também possam ser lidos como o registro de uma incompreensão, meu esforço para não me curvar fácil ao entendimento ou encantamento. A experiência da diferença cultural é bem dura, o relativismo esbarra em limites intransponíveis, perceber em parte um complexo sistema de comportamentos e valores não significa aceitá-lo, pertencendo ou não a ele.

RONALD POLITO
Rio de Janeiro, maio de 2004.

Notas extemporâneas da Grande Tóquio: trens, cheiros e cães

I. Nos trens e metrôs, os japoneses se dividem em quatro grupos. As únicas exceções que localizei até agora são as crianças de colo, que naturalmente não pertencem a nenhum dos quatro grupos seguintes. As outras crianças se encaixam em um deles.

Primeiro grupo: o dos leitores. Há uma obsessão pela leitura. Talvez este grupo seja o mais numeroso. Os japoneses sempre estão lendo alguma coisa, principalmente umas grandes e grossas revistas em quadrinhos, chamadas "mangá", feitas em papel jornal, com cadernos internos coloridos em tons pálidos: rosas, azuis, amarelos e verdes-bebê. Os personagens dessas revistas são infantis, tolamente cósmicos várias vezes. Viagenzinhas intergalácticas. Mesmo senhores e adultos em seus ternos passam toda a longa viagem lendo essas bobagens. Outros lêem jornais, muitos jornais. Ainda que seja num vagão de trem com centenas de pessoas, numa situação de esmagamento, de compactação humana quase total beirando a asfixia, lá está um executivo que dobrou as enormes folhas do jornal até ficar disponível para os seus olhos uma única coluna da folha, na frente de uma enorme maçaroca em que se constitui o restante do jornal atrás. E o mais impressionante: ele erguerá os braços e no meio daquele tumulto desdobrará e redobrará aquilo para passar para a coluna seguinte. Outros lêem livros de todos os tipos: de romance barato a eventualmente boa literatura. Outros lêem revistas de moda, revistas de esportes, tablóides de ofertas de preços de lojas de departamento. Lêem, lêem, lêem.

Segundo grupo: o das pessoas envolvidas com seus microaparelhos eletrônicos. "Envolvidas" é a palavra exata, pois parece que os aparelhos as recobrem, as contornam, as delimitam. De cada dez japoneses, onze estão telefonando agora de seus celulares. Mas não apenas telefones por todos os quadrantes, como também máquinas de calcular e de jogar. Mas neste grupo sem dúvida o mais curioso é o subgrupo com os telefones. Alguém pode passar uma viagem inteira apertando botões em seu celular, com o olho fixo no visor, verificando informações, recebendo e emitindo *e-mails*, alterando registros, alimentando bases de dados, sei lá mais o quê.

Terceiro grupo: o das pessoas também engalfinhadas com microaparelhos eletrônicos, mas os especificamente sonoros. Zil *walkmans*, de todos os tamanhos e formas, nas mãos, nos bolsos do paletó ou na calça. Outro dia encontrei um que se regozijava com seu aparelho, pois quando tirou os fones de ouvido, abriu um pequeno compartimento do já minúsculo aparelho que cabia no bolso de sua camisa, apertou uma tecla e rapidamente o enorme fio, juntamente com os fones, foi sugado para dentro da caixinha com um mecanismo retrátil e ele fechou a tampa feliz. Alguns ouvem rádio; outros fita cassete; outros CDs; outros, um tipo de disco flexível semelhante ao dos computadores mas bem menor, em um aparelho portátil de *medial player* (MD). Claro, alguém pode estar telefonando com uma orelha, ouvindo com a outra um CD e com uma das mãos ainda segurar uma revista onde detém seu olhar inteligente, satisfeito com sua performance. Este seria um caso totalmente *in*.

Quarto grupo: A legião dos que seguem a viagem dormindo. É um milagre o sono de um japonês. Ele entra correndo e alerta no vagão (nunca um japonês estaria andando...), atira-se nos poucos bancos disponíveis e imediatamente fecha os olhos. Pronto, já está sonhando. E caindo em cima da pessoa ao lado, que por sua vez cai também sobre ele. Dois executivos segurando suas pastas despencados um no outro. Naturalmente, com tal prática de sono, os japoneses desenvolveram a habilidade de dormir em pé. Como há em cada vagão mais japoneses por metro quadrado do que detentos nos cárceres brasileiros, ninguém precisa se segurar nas alças do teto e fica fácil roncar em pé.

Finalmente, há um comportamento coletivo curioso. No princípio, achei que tinham preconceito em relação a mim, pois, uma vez sentado nos bancos laterais, onde cabem seis, sete ou oito pessoas, quando alguém se erguia, rapidamente a pessoa que estava sentada a meu lado se afastava. Isso me deixou no início bastante irritado. Depois descobri que não era comigo. Outro dia, numa longa viagem que fiz propositalmente toda de pé, pude observar que sempre que algumas pessoas se levantam desses longos bancos, os restantes imediatamente se afastam buscando ficar o mais possível distantes uns dos outros. Como me disse depois um amigo nativo, japoneses gostam de ficar nos cantinhos.

II. Quando saí do Brasil, um amigo me alertou para o fato de que cada cidade tem um cheiro. Realmente, ele estava coberto de razão. Aqui já identifiquei dois cheiros básicos que passo a descrever.

Primeiro cheiro: é o mais freqüente em inúmeros lugares. Certamente pensarão que estou delirando ou ironizando, mas em Tóquio podemos sentir um suave, um tênue mas persistente, intergiversável cheiro de curto-circuito, de sistemas eletrônicos queimando brandamente. Como se estivéssemos cozinhando fusíveis, ou fazendo na grelha uma fritada de transistores e válvulas. Catodos flambados, anodos ao ponto, torradas de *chips*.

Segundo cheiro: também em toda a Tóquio, nos mais inopinados lugares, você poderá sentir um insuportável cheiro de comida. Os japoneses comem, comem, comem. A comida baiana é fichinha perto da quantidade de condimentos e especiarias que eles usam em tudo, do café-da-manhã ao lanche do fim da noite. Digamos que o cheiro resultante seja uma mistura de muito, muito, mas muito mesmo, óleo (talvez de gergelim, principalmente), no qual agora estão fritando peixe, peixe, peixe com curry (muito curry em cada prato), shoyu, missô, tofu, molho inglês, massa de tomate, alho-poró e salsão. O aroma é nauseabundo, sinto enjôo em diversos momentos.

III. Muitos japoneses têm um bicho de estimação. Muitas carpas, inclusive, podem ser de estimação. Mas antes de qualquer outro, cães, naturalmente, dos quais algumas espécies guardam, inclusive, uma inquietante semelhança fisionômica com eles. Duas notas sobre isto.

Primeira nota: outro dia vi dois labradores *golden* beges vindo em minha direção. Era de noite. Os japoneses inventaram uma linda coleira com uma pequena luz vermelha sinalizadora, que fica na parte de baixo do pescoço. Lá foram eles com sua irradiação piscando duas vezes por segundo.

Segunda nota: Na manhã do dia seguinte chovia. Indo para a universidade, encontrei um cão com seu dono. O cão portava uma bela capa de chuva plástica transparente, com capuzinho. Parecia o lobo mau de Chapeuzinho Vermelho travestido de vovó. A capa tem uma alça, para poder ficar amarrada na altura da cintura do cão. Ele, adaptado a sua vestimenta, seguia feliz em seu farejamento.

Fuchu, 20 de abril do ano 13.

Os corvos de Tóquio

Raven more, raven more!
Edgar Allan Kardec

Parafraseando ligeiramente Manuel Bandeira, eu começaria assim:

Meus Grandes Amigos, meus pequenos inimigos,

A primeira noite que passei em Tóquio reservou-me uma estranha surpresa logo ao amanhecer. Dormi pouco e por volta das cinco horas da manhã fui acordado por um barulho esquisito e não conseguia entender o que estava acontecendo. Um barulho realmente esdrúxulo, com o qual, mesmo já tendo passado alguns meses que estou aqui, é impossível me acostumar, dadas a sua rispidez e a falta de melodia. O máximo que consegui intuir é que poderia ser o piado, digamos, de um pássaro.

De imediato, o que me veio quase que naturalmente à mente foi uma frase mais ou menos assim e que todos vocês conhecem desde pequenininhos: "as aves que aqui gorjeiam não gorjeiam como aí". No fundo, este verso me parece de uma obviedade ululante, como queria Nelson Rodrigues: que as aves que aqui gorjeiam não gorjeiem como aí, ali, lá e acolá. Elas simplesmente gorjeiam, como é o destino atávico das aves, sem que seu canto seja mais ou menos belo porque é daqui ou daí. Em outras palavras, há cantos lindos e horrendos espalhados quase que democraticamente por todo o planeta.

Mas voltando aos meus pássaros daqui, descobri algumas horas depois que eram corvos. Foi então que, de repente, entendi um verso de Silvia Plath, quando ela diz que os corvos voam como pedaços de papel picado rodopiando pelo céu, passando em negros, cacofônicos bandos. Sim, a palavra cacofonia é exata, justa para definir o "canto" deles, pois desconheço qualquer coisa mais arrítmica e incômoda dentre as aves. No Brasil, infelizmente, não temos corvos, mas temos talvez alguns primos distantes, como a gralha, o pássaro-preto e o melro (o intratável melro, sempre desarrumado, como se tivesse acabado de sair do banho).

Os corvos estão espalhados por Tóquio e todas as manhãs acordam os japoneses, que geralmente não gostam deles, com seus gritos estridentes. Andam aos bandos mesmo pelo centro comercial *high-tech* da cidade, nas cumeeiras dos edifícios altíssimos. São muito inteligentes e podem ser relativamente domesticados se alimentados todos os dias. Faço planos de adotar um corvo ou muitos corvos por aqui, pois percebo que entre nós existe uma afinidade. Adoraria ir para a universidade escoltado por uma legião deles ou mesmo andar com um no ombro.

Os corvos são grandes, bem maiores que um pombo, e negros, muito negros e brilhantes. Por vários dias tentei fotografá-los, mas é muito difícil pois, quando eles se dão conta de sua presença, fogem imediatamente. Passei a persegui-los com minha máquina fotográfica, até que numa manhã, no parque de Ueno, consegui algumas poses. Havia centenas deles por lá sendo alimentados pelos turistas que jogavam pequenos bocados de comida no chão. E o mais curioso: eles todos se reuniam em uma única árvore. E nesta árvore, jamais outro pássaro punha o pé, como se ela fosse território particular. Os pombos circulam e param nas árvores em torno, mas nunca na árvore dos corvos.

Agora, a coisa mais especial e estranha é o andar do corvo, praticamente impossível de ser descrito, mas vou tentar. Quando ele pousa no chão, depois de algum tempo, caminha um pouco de um lado para o outro antes de levantar vôo. Ele dá dois ou três passos e, na seqüência, um pequeno salto alquebrado com as asas em aparente desordem. Coisa que lembra um pouco a esperança com seu vôo desajeitado e seu pouso impossível. A imagem que também me vem à cabeça para descrever o andar de um corvo é a de um deficiente com uma perna mais curta e que ainda fosse corcunda. Algo como um Quasímodo de fraque e com inteligência superior.

Tal como os corvos são domesticáveis, eles também são bastante agressivos se molestados. Ai de quem os enxota, pois eles, de forte memória, gravam a imagem da pessoa e depois a atacam com seus pés de garras afiadas. Eles também pertencem ao folclore mórbido local. Conta-se que numa província do norte (ou do sul, ou do leste, ou oeste, pouco importa), conta-se que numa lendária e mítica província japonesa, quando os corvos dão exatamente três gritos (nenhum outro número, está claro, tem de ser três), eis aí o sinal de que alguém vai morrer. É natural que eu acredite piamente nisto, pois um corvo não macularia sua imagem ancestral.

Os corvos são pássaros particularmente inteligentes, mesmo mais do que certos humanos, creio eu, ou do que certos povos inteiros. Estão entre as aves mais cultas do planeta e se comprazem em adotar aqui e ali comportamentos humanos, o que, em princípio, pareceria depor contra sua sagacidade invejável; mas prefiro a hipótese mais arrojada de que evidentemente o fazem com o acintoso intuito de nos ridicularizar, no que obtêm sucesso total. Outro dia alguém me contou uma pequena história realmente única e que passo a reproduzir.

Quando chega o fim da tarde nos jardins do palácio do imperador, os vigias reúnem as pessoas e solicitam que elas se retirem pelo portão principal. Então, lá vão as pessoas e os corvos — eles, de exímio vôo, também saem a pé, atravessando o portão. Eis aí uma cena de todo impagável. Pretendo ir aos jardins do imperador para ver exatamente isto, muito mais importante do que toda a arte milenar dos bonsais e arranjos florais sem comparação possível em toda a terra.

Mas, como dizia, a maioria dos japoneses não gostam dos corvos e volta e meia se mobilizam para tentar exterminá-los, coisa que encontra em mim a mais absoluta reprovação e mesmo irritada indignação. As câmaras locais, de quando em quando, legislam neste sentido, e decidem espalhar pela província uma nova modalidade de veneno, tentando controlar sua reprodução galopante. Sim, meus caros, pois os corvos se alimentam de lixo, nosso agridoce e descomunal lixo urbano. E como não conhecem predadores, vocês podem calcular as possibilidades infinitas de multiplicação que eles encontram em uma localidade como Tóquio (ou melhor, em uma localidade como o mundo).

Para que eu não seja acusado de falta de base empírica, realizei uma pequena e rápida enquete sociológica, dir-se-ia, entre os estudantes universitários com os quais estou em contato. A quase totalidade tem verdadeira repulsa aos corvos, por sua agressividade e pelo fato de se alimentarem de lixo. Disse a quase totalidade porque apenas um, por certo mais sensível, declarou por eles um quase inconfessável amor. Disse-me isso em *off*, confiando em minha total discrição, pois poderia passar a ser desprezado. Por isso, nesse instante, e quase que integralmente com Manuel Bandeira, eu diria:

> Meus As, meus is:
> Salvemos os corvos de Tóquio!

Salvemo-los da incompreensão, da irascibilidade, da intolerância, do despeito e da inveja, da injustiça e da indiferença, da miséria e do abandono, da tristeza e da solidão e do medo, da perseguição, da melancolia, de todo o horror e de todo o mal.

Que eles brilhem negramente num céu sem margens.

Fuchu, 25 de junho do ano 13.

AN EGG

Um ovo deve ser um ovo tem de ser.

ONTEM NO FINAL DA TARDE, depois de um dia cheio de aulas, fomos a um restaurante chinês aqui perto da universidade, eu e dois amigos. Ficamos lá três horas, já que gostamos muito de comer juntos e conversar.

Não sei dizer quantos pratos vieram para a mesa, pois um dos meus amigos é completamente gastrônomo, adora experimentar tudo. Quando afinal deduzi isto, sutilmente comentei com ele que por certo o seu ideal de consumo seria chegar a um restaurante e apenas dizer ao garçom: "traga todo o cardápio na ordem que o senhor quiser", o que ele vivamente aprovou. Na realidade, escrevo apenas por causa de um prato, ou melhor, de um único elemento constante da "iguaria", pois conheci, espero, o limite da realidade. Pelo menos estou satisfeito com o ponto a que cheguei. Trata-se de uma experiência radical com o podre.

O fato é que eles viram no cardápio a oferta de uns ovos chineses e logo ficaram excitados com aquilo. Pediram, pois adoram. Veio para a mesa, dentre outros, um prato que tinha no meio um enorme cubo de tofu coberto com raspas titânicas de peixe seco. Essas raspas são muito semelhantes à serragem de uma carpintaria e uma micropartícula delas é suficiente para que você ricocheteie pelas paredes e teto do restaurante, dificilmente voltando ao seu assento na mesa se não puder contar com um guia. Já as conhecendo de outros carnavais, mantive uma prudente distância. Mas nos dois lados do cubo havia formas ovais, muito parecidas com dois figos em calda bem escuros. Ingenuamente perguntei se eram frutas em conserva, pois havia também uma poça de calda escura em torno de tudo. Obviamente que não, eram os ovos. "Mas ovos são brancos!" Não, podem ser negros.

No novíssimo dicionário *Houaiss* encontro já uma definição, eles então atingiram o *status* de termo reconhecido. Diz Houaiss: "ovo preto: culinária: Regionalismo: China (Macau). Ovo de pata ou de galinha, barrado com uma mistura de cinza, pó de chá, barro, cal, sal e água, o que permite conservar-se durante muito tempo (não necessita de ser cozido)". O termo "barrado", novamente seguindo Houaiss, significa, neste contexto, "envolvido por uma camada de qualquer matéria mole, semelhante a barro". Que lama! Talvez Houaiss não estivesse muito informado, pois ao que parece esta *brutalitesse* foi inventada em Pequim.

Creiam ou não, o fato é que pelo processo de fermentação do ovo, sua clara fica transparente, algo como geléia de uva, mas preta, exatamente preta. É possível ver razoavelmente o outro lado olhando através dela. E a gema, pobre gema!, de amarela se transforma numa massa verde-escuríssima, algo semelhante a creme de espinafre muito concentrado. É com arrependimento que confesso que provei uma ínfima partícula.

Claro que precisava de informações, detalhes, queria saber como os chineses chegaram àquela loucura, que fome avassaladora afinal os teria levado até aquele ponto. Toda a cozinha, felicíssima e mobilizada por minha curiosidade, veio à mesa explicar a longa história.

Na milenar China lendária, como não poderia deixar de ser, uma pata casual passava por uma cocheira quando sentiu uma irresistível vontade de pôr um ovo. Pô-lo ali mesmo, no meio da palha da estrebaria e logo, atribulada por outras demandas, esqueceu-se dele para sempre. Por sorte, o cavalo não pisou no ovo e ali ele, o ovo, ficou vários dias. Talvez numa bela manhã, seu dono tenha ido vê-lo e sem querer encontrou o ovo. "Mas o que é isto? Um ovo? Mas preto? Um ovo de cisne negro? Será que está bom? Posso comer? Morrerei envenenado? Que fome!" Pronto, estava descoberto o ovo negro de pata num estágio imediatamente anterior ao podre absoluto.

O processo foi, como era de se esperar, um pouco modernizado com o passar dos séculos. Atualmente os ovos são imersos num caldo (repulsivo) feito à base de casca de arroz e ali ficam durante sete dias fermentando, apodrecendo, tornando-se negros. Não sei se boiando ou não, esqueci-me de perguntar este detalhe periférico. Daí é só comer, se você quiser.

Comentando depois o fato com um nativo, ele me disse que também adora este prato, o que não me surpreendeu, já esperava por isso. Achou-me certamente convencional e limitado e me relatou, então, a fronteira culinária que ele não conseguiu ultrapassar por razões humanitárias, durante os anos em que morou na Finlândia quando ainda era criança. Na cozinha finlandesa existe um prato singelo e pós-cruel: trata-se de deglutir ovos (sem casca, pelo menos) que foram cozidos imediatamente antes de os pintinhos virarem pintinhos. Alguns minutos anteriores, creio, às primeiras penas começarem a aparecer. Não é exatamente um prato, mas uma guloseima, digamos assim, trivial, que podemos comprar na rua, dos vendedores ambulantes, que passam gritando *baru!*, *baru!* (é o nome da coisa), atraindo os adoradores desses pequenos monstros. Ele me disse que não comeu porque, em suas palavras, teve "dó dos pintinhos".

Fuchu-shi, 14 de julho do ano 13.

Experimentando o sumô

Hoje fui levado ao Estádio Nacional de Artes Marciais (numa tradução aproximada) por um amigo que havia sido convidado por um outro rapaz. Esse outro ganhou ingressos para um camarote e nos convidou. O acesso ao sumô é bastante restrito pois as entradas são caríssimas e difíceis de adquirir, já que são previamente direcionadas para certos grupos e famílias. Conosco foi também um rapaz muito interessante e simpático. Chegamos e nos acomodamos em nosso pequeno camarote, um quadrado de um metro e meio cercado por barras de bronze e com quatro almofadas vermelhas, onde nos sentamos depois de tirarmos e guardarmos nossos sapatos embaixo dele. Entre as almofadas, um pequeno aparelho de chá constituído de uma bandeja, quatro potes e um bule já fumegante, tudo coberto com um papel branco fino. Na frente, um objeto estranho que, mais tarde, quando perguntei a seu respeito, vim a saber tratar-se de um cinzeiro.

Depois descrevo o templo; primeiro os inumeráveis afazeres em nosso hábitat, porque ele é realmente uma área de experimentação. O meu amigo havia me avisado de que o sumô não é um esporte, mas uma festa em que todos comem, bebem e conversam. Mas eu não tinha noção exata do que seria isso. Com aquela eficácia silenciosa que só os japoneses têm, quando acabamos de nos sentar entregaram-nos uma enorme sacola, momento em que foi dada a largada à comezaina. Mais de uma centena de serviçais com roupas simples e indescritíveis dão conta perfeitamente de atender as quatro mil pessoas que estão ali para passar a tarde. E da sacola foram sendo tiradas caixas, caixinhas, mais caixas, e pacotes e sacos, uma parafernália infernal, além de uma revista enorme e sofisticada para cada um de nós, apresentando todos os lutadores do dia, e um prospecto com informações mais abreviadas do roteiro previsto. Então, dividido o conteúdo da sacola, cada um recebeu seu lastro de quatro caixas ou caixinhas e um pacote. Não vou ficar repetindo que as caixas e os papéis em que estão embrulhadas, afora os barbantes, são lindos, cuidados, delicados, nem que tudo é arranjado com um senso do portátil equivalente ao desenvolvimento dos japoneses na microeletrônica. Além dessas caixas, dois sacos pequenos que mais tarde vim a saber que estavam cheios de ostras secas.

(Repito esta frase "mais tarde vim a saber" porque aqui me comporto como uma criança de três anos de idade que fica perguntando tudo o que não sabe. Para não irritar em demasia os meus acompanhantes, estabeleci uma média de três perguntas discretas a cada cinco minutos, conseguindo portanto obter aproximadamente cento e oitenta respostas em três horas, de um rol de um milhar que gostaria de ter feito.)

Vou descrever o conteúdo do pacote e das caixas, abertos depois que limpamos suavemente nossas mãos em pequenas toalhas úmidas e perfumadas. O pacote, quando aberto, surpresa!, reunia mais duas caixas (todos sabem que os japoneses são obcecados por papéis e por caixas). Numa delas, uma porção generosa do indefectível arroz cozido sem óleo e nem sal, decorado com gergelim torrado. Na outra caixa, camarões, sushi, sashimi, legumes, picles, pastas, enfeites, acepipes em geral. Anexos, guardanapos e hashi (os pauzinhos de comer). Claro que só isso já era um almoço completo. Foi quando chegou uma segunda sacola com bebidas, cervejas, chás, Coca-Cola etc. Das outras quatro caixas, a primeira continha vagens de soja já cozidas, acompanhadas de seu respectivo saquinho de sal. Deliciosos os grãos de soja que saltam da vagem apertada entre os dentes. A segunda caixa continha cinco sanduíches: de lombinho com raiz-forte, de queijo, de ovos mexidos, de hambúrguer e de pasta de atum. A terceira caixa guardava cinco espetinhos de lombo de porco agridoce, também com pacotinho de sal. A última caixa tinha três deliciosos bolinhos de laranja a modo de sobremesa. Eram, assim, seis caixas para cada um de nós, totalizando vinte e quatro caixas em nosso camarote, afora os dois sacos com ostras secas. Como são cerca de quinhentos camarotes, a soma total das caixas atinge o surpreendente número de doze mil caixas, afora mil sacos de ostras secas. Este número ainda é um pouco superior, pois os camarotes mais próximos do ringue recebem um verdadeiro banquete, o que implica uma quantidade muito maior de caixas e sacos. Quando as bebidas acabavam, novas sacolas chegavam para manter a sede sob total controle.

Do nada, evidentemente, sem que eu me desse conta, meus três acompanhantes sacaram suas máquinas fotográficas e filmadoras registrando tudo. Como as lutas não eram ainda dos grandes campeões, decidi circular pelo estádio para conhecê-lo. Circular é a palavra certa, pois ele é um círculo. Saí por uma das portas que conduzem à parte de dentro do círculo e percorri o longo corredor que existe em todo o seu contorno. Várias lojas com objetos ligados ao sumô, inclusive miniaturas de porcelana dos grandes campeões. Se no Brasil temos os famosos "o gordo e a gorda" feitos de cerâmica, aqui temos os lutadores. E chaveiros, e canetas e blocos e o que mais imaginarmos: panôs, instrumentos de ritmo, roupas, biscoitos com lutadores gravados, comidas a perder de vista (pois sumô, coisa de que aos poucos vou me tornando consciente, deve ser sinônimo de comer), postais, quadrinhos, quadrões, cartazes, calendários, potes, copos, taças, suvenires, fitas de vídeo, fitas cassete, revistas, livros etc. Talvez os objetos mais interessantes sejam umas longas tiras horizontais de papel onde estão impressas as mãos dos grandes lutadores. Também estava lá um desenhista que com sua pena e nanquim individualizava cartazes, imagens, escrevendo uma mensagem exclusiva para cada comprador. Que letras, que habilidade em bordar aquilo! Fumei um cigarro e voltei para o centro do círculo.

O estádio, genial, com instalações para técnicos de TV, é dividido em quatro gomos. Entre os gomos, as entradas subterrâneas para os vestiários. Por elas vêm e vão lutadores, juízes, rapazes com as vassouras que limpam o sal do ringue ou com bandeiras de anunciantes que mantêm alguns lutadores, comitivas etc. Sobre o ringue, suspenso no ar, um enorme telhado xintoísta com quatro pingentes colossais nas pontas, nas cores verde, vermelho, branco e preto. As lutas, incrivelmente ritualizadas, supõem um aparato cada vez mais luxuoso à medida que subimos na hierarquia dos lutadores. No final, juízes vestidos com roupas que humilhariam qualquer Merlin do Ocidente, com seus objetos de mão e gestos estudadíssimos, e os responsáveis por anunciar cantando os nomes dos que vão se digladiar, girando seus leques e o corpo no palco. Enquanto isso, outros coadjuvantes varrem o sal do ringue com vassouras espigadas.

Não vou descrever as lutas dos gigantescos bebês. Mas um lutador produziu um gesto inesquecível que arrancou da platéia um gigantesco OH!!! (os japoneses sempre emitem longuíssimos e roucos OHS!!!) Quando pela segunda vez foi pegar sal para lançar no ringue, encheu completamente a mão e, em vez de jogá-lo para baixo, atirou todo aquele sal para o alto, que caiu como uma chuva branca em toda a região do ringue. Nenhum espírito mau, e nem mesmo um bom, poderia resistir àquilo. Naturalmente, era um vaticínio, estava dado um ataque simbólico que só antecipou sua vitória óbvia.

Quanto mais a tarde avançava, mais os japoneses comiam e bebiam e bebiam e bebiam. No final, já muitos bêbados, urravam e produziam incomensuráveis OHS!!! a cada lance fascinante dos gladiadores. A última luta, envolvendo o grande campeão que pesava duzentos e dezessete quilos, foi mesmo emocionante. Quando aquelas duas massas colossais e titânicas partiram uma para a outra e se chocaram, colidiram, amalgamaram-se num todo em torno de quatrocentos quilos humanos, a platéia uivou de furor e êxtase. Orgia. Como culminância, ao campeão dos campeões foi dado um arco enorme. E então ele dançou para nós, sob milhares de aplausos — mais leve que um pássaro. Executou seus passos mínimos e delicados quatro vezes, em cada lado do ringue, homenageando distintamente as grandes partes em que se divide a platéia: a mão esquerda ele pousou em sua cintura, enquanto na outra mão girava com uma rapidez incrível o arco sobre sua cabeça e o cruzava longa e rapidamente da direita para a esquerda na frente de seu corpo. Com uma graça, uma delicadeza, uma reverência que me deixaram completamente sem fôlego, minúsculo.

Era a hora de sair dali. E como o tempo voou. Fiquei com vontade de levar a linda caixinha com biscoitos de laranja. Mal sabia eu que tudo já estava previsto e arranjado desde sempre: para cada um de nós foi entregue uma nova e enorme sacola de papel com várias coisas dentro. As pessoas dos camarotes mais nobres receberam um número ainda maior de sacolas. No corredor de saída a multidão seguia lentamente, passinho a passinho, como é típico dos japoneses. Eis aí possivelmente a origem dos passinhos, pois ninguém pode andar rápido num aglomerado daqueles. E o mais surpreendente: para mim que nunca bebo, o ar era praticamente irrespirável dado o grau de teor alcoólico da atmosfera. Por certo, se alguém acendesse um fósforo, o estádio explodiria como uma bomba.

Agora, chegando em casa, posso avaliar com atenção o conteúdo de minha sacola. Quatro grandes caixas e um lindo saco amarrado. Nele, uma boa quantidade de castanhas portuguesas já cozidas. Em seu interior, ainda um envelope lacrado com uma toalha de papel perfumada e um outro contendo uma pequena colher de plástico com um serrilhado para quebrar as castanhas, dispondo, ainda, de instruções de uso. Na primeira caixa, dois potes com salada de frutas acompanhados de bisnagas com caramelo e pequenas colheres de plástico. Esses potes, na realidade, se dividem em dois andares: no primeiro, uma pequena bandeja de plástico subdividida em quatro gomos: um damasco e uma castanha portuguesa salgados, pêssegos com cereja e uma outra frutinha que não consigo identificar, geléia mole e, no último, dois cubos de geléia seca, semelhante aos doces árabes. No andar de baixo, cubos de gelatina de leite, ao que me parece. Misturamos os dois andares, colocamos caramelo e pronto. Na segunda caixa, cinco potes de louça, cada um de uma cor suave, para tomarmos chás ou caldos quentes. Na terceira, uma quantidade sortida de biscoitos salgados com lutadores de sumô impressos em baixo-relevo, afora outras delicadezas em variados saquinhos de plástico. Na última, dez espetinhos de carne: cinco de lombo agridoce e cinco de pequenas almôndegas de frango também agridoces. Num compartimento interno da caixa, toalha de papel perfumada em um envelope fechado e um vidrinho com *shoyu*. Penso que posso engordar.

Fuchu, 9 de setembro do ano 13.

Tell me, Buda

EM TÓQUIO TUDO FALA, tudo grita, balbucia. Engana-se quem supõe que japonês trabalha em silêncio. Pelo contrário, todos são incrivelmente falantes, não param de conversar um único segundo, contrariando a imagem que o Ocidente forjou dos orientais como compenetrados, discretos e de poucas palavras. De cada dois japoneses que estão juntos agora, quatro falam e ao mesmo tempo, pois ambos prosseguem absortos com seus respectivos telefones celulares. Vozes ao vivo ou gravadas, elas são mesmo múltiplas. Nada casual, portanto, que uma banda tão singular quanto a Yellow Magic Orchestra ou um compositor tão inteligente quanto Ryuichi Sakamoto tenham saturado tantas de suas obras com ininterruptas vozes e ruídos eletrônicos servindo de fundo musical, numa metabolização (e, no caso, produzindo um ótimo resultado) do que perversamente acontece por aqui.

Engana-se também quem imagina precipitadamente que na sociedade japonesa mulher não tem voz. Tem sim, ao menos nos sistemas internos de som das lojas de departamento e em outros mais que vou especificar adiante. As vozes femininas nas lojas de departamento são bem semelhantes às de bonecas com microssistemas de fala embutidos. Subindo ou descendo uma escada-rolante sempre haverá uma vozinha insidiosa, que nós jamais saberemos de onde é emitida, dizendo-nos certamente coisas suaves e repousantes para ampliar nossa voracidade pelo consumo total. Para os mais resistentes, há outras falas insinuantes das quais é bem difícil escapar. Agora estamos passando por um dos inúmeros corredores entre as estantes da loja. De repente, sem o menor aviso, um eletrodoméstico falante se dirige diretamente a você. A você mesmo, inútil olhar para trás. Seu corpo acionou células fotoelétricas que dispararam o funcionamento de um rádio ou de uma TV, que têm alguma coisa de muito importante a comunicar: "Compre-me, você precisa de mim e não sabe".

Mas nada supera os pregoeiros nos supermercados: tanto em número quanto em altura da voz. Afora o sistema de som geral dos supermercados (com geralmente uma música irritante ao extremo em que crianças cantam — o que seria uma voz de boneca elevada ao quadrado —, ou uma indefectível peça clássica de Mozart ou Vivaldi), há sons setoriais. Por exemplo: na barraca para venda de enguias carameladas, há sempre um som tribal, uns atabaques primevos fazendo alusão a uma herança ancestral que nunca será perdida. Existem, portanto, vários pontos sonoros simultâneos, além de uma dezena de pregoeiros que passam berrando seus produtos, noticiando as ofertas incríveis de uma certa seção, cantando muito alegremente (porque japoneses trabalham felizes e animados, e nem sabem que no Ocidente existe o estatuto de férias de trinta dias por ano). Ainda nesta seção de supermercado, a culminância são as mocinhas dos caixas. Digamos que nosso troco seja 8.744 ienes. Elas então farão assim: primeiro vão passar nos dedos as notas e moedas três vezes (porque a regra é sempre repetir tudo). Depois dirão, ao nos entregar as notas e moedas: cinco mil, seis mil, sete mil, oito mil, e quinhentos, seiscentos, setecentos e dez, vinte, trinta, quarenta, e um, dois, três, quatro ienes. Uf! (*again*). Isto vale para todo e qualquer caixa, não apenas nos supermercados.

Surpreendem também as vozes nos trens e estações. Em todas as estações há sempre uma fala ininterrupta partindo de inúmeros alto-falantes, ao mesmo tempo em que alguns dos responsáveis por empurrar as pessoas para dentro dos vagões levam nas mãos um aparelho remoto de som, no qual eles também comunicam, de contínuo, informações certamente essenciais aos passageiros. Mas nada supera a fala no interior dos trens. Afora gravações que são acionadas automaticamente a cada partida e chegada nas estações, o condutor do trem também fala de sua cabine. Comparemos. Enquanto no metrô do Rio de Janeiro, por exemplo, temos a seguinte fala: "Próxima estação: Cinelândia. Desembarque pelo lado esquerdo" (em São Paulo, as elocuções no metrô são ainda mais concisas), aqui teríamos algo mais ou menos assim (pois solicitei uma tradução literal, até onde é possível, a um amigo japonês que estuda a língua portuguesa, quando estávamos numa viagem de trem) ao longo de umas poucas estações: "Fizemos você esperar alguns momentos. Agora nós vamos partir. A próxima estação é Musashisakai. Musashisakai é a próxima estação. Vamos demorar três minutos para chegar à próxima estação. Este trem vai na direção de Shinjuku. Se você quiser pegar outra rota, é necessário mudar de trem na próxima estação. Não esqueça o seu guarda-chuva. Não use telefone celular. Ceda os assentos para os idosos, as mulheres grávidas e os deficientes físicos. Muito cuidado quando você sair, por favor".

Certamente esgotados com a falação incessante de seus donos, os cães e os gatos daqui decidiram se manter no mais absoluto silêncio. Por certo uma tentativa de fazer com que os japoneses percebam, afinal, que algo está errado ou não funciona assim tão perfeitamente. Enquanto no Brasil a cachorrada ladra o dia todo e a noite inteira, certamente de fome, e os gatos obscenamente explicitam sua fúria amorosa, aqui nem me lembro de ter ouvido um único "au" ou "miau" durante todo esse tempo.

Não só os japoneses falam, pois para multiplicar essa tendência atávica eles decidiram também dar voz aos objetos e às instalações. Isto por certo diminui um pouco a sensação de solidão. Para isso, elegeram uma configuração heterodoxa e admirável de coisas portadoras de linguagem articulada, digamos, hodiernos Odradeks com voz própria e que, como deve ser, para nossa indignação e tristeza, também sobreviverão a nós.

Comecemos pelos prédios falantes. Sim, falando. Embutidos nas suas marquises, sistemas de som noticiam aos transeuntes os serviços e as últimas ofertas disponíveis. Isto pareceria comum, mas o inusitado é a própria circunstância: um enorme prédio coberto de TVs e telões, com alto-falantes emitindo informações, em frente a um largo, pelo qual estão passando sem parar muitas centenas de pessoas. Mas há também portas falantes. Sobre isto, permitam-me uma pequena história. Eu e um amigo fomos trocar dólares em um banco. Acabada a operação, a atendente, bem como a que estava ao lado, agradeceu inúmeras vezes *"Doomo arigatô gozaimassu"* (*"*Muito obrigado*"*). O gerente que estava lá no fundo do banco também repetia algumas vezes (pois eles também nunca falam apenas uma vez) *"Doomo arigatô gozaimassu"*. Próximo à saída, um funcionário exclusivamente destacado para o dia inteiro ficar repetindo, em moto-contínuo, *"Doomo arigatô gozaimassu"*. Já estávamos exaustos, mas o nocaute mesmo veio da porta automática pela qual passamos para escapar dali.

Pois na altura de nossas orelhas, uma microvozinha eletrônica repetia "*Doomo arigatô gozaimassu*", proveniente de um batente-falante, à falta de uma expressão já consagrada.

Parágrafo especial deve ser dedicado ao elevador-falante. Porque qualquer elevador aqui fala. Entremos numa loja de departamento. Agora no elevador. E, de forma bem livre, imaginemos o seguinte texto gravado evidentemente com uma voz feminina de boneca de louça: "Bom dia. Você acaba de entrar no elevador. Aqui é o primeiro andar e estamos subindo. Partimos. Acabamos de chegar ao segundo andar. No segundo andar fica a seção de material esportivo. Cuidado com as portas automáticas. Agora estamos indo para o terceiro andar. Adoro subir. Terceiro andar. Aqui é a seção de brinquedos e *camping*. A porta vai fechar, muita atenção. Vamos para o quarto andar. No quarto andar fica a minha seção preferida: cosméticos e produtos para o corpo. Adoro visitar esta seção, experimentar os cremes, os perfumes e as tinturas para o cabelo. Há sempre ofertas interessantes e as atendentes são profissionais muito bem preparadas. Perdão. Falei tanto que já passamos pelo quinto andar, sexto andar, sétimo. Chegamos. Aqui acaba a loja, na seção de material escolar e de escritório. Vamos descer. Detesto descer".

Como não poderia deixar de ser, e para respeitar certa convenção da ordem dos efeitos que se podem produzir numa prosa, deixei para o final desta crônica a estrutura com voz mais inusitada, mais insólita de todas: apresento ao público a escada-rolante-falante. Claro que numa etapa posterior de sua evolução lenta e gradual, certa e segura ela pode se tornar, quem sabe, a escada-rolante-falante-trovante. Custei a entendê-la, ou melhor, custei a perceber que alguma coisa estava se passando, pois era uma voz quase inaudível que vinha de um lugar difícil de ser identificado. Até que afinal me dei conta. Nas laterais da escada rolante, de alguns em alguns metros, um alto-falante embutido, dirigindo-se diretamente aos nossos joelhos, *tête-à-tête*, ou seria melhor dizer, *genou-à-genou*, numa fala ininterrupta, pois as laterais da escada sobem paralelamente aos degraus e na mesma velocidade. Fico pensando: mas o que a escada rolante teria a dizer assim de tão fundamental para os meus joelhos? Claro que depois de algumas enquetes com falantes aborígines fiquei sabendo, enfim, o que ela, a escada, estaria dizendo. Mas prefiro silenciar a respeito deste ponto, deixando ao leitor toda a liberdade de sua imaginação para elaborar o texto desta comunicação *sui generis* com uma das partes mais eróticas, para alguns fetichistas, de nosso corpo.

Fuchu-shi, 15 de setembro do ano 13.

Para os que partem

I

Um aluno do curso de pós-graduação, que me recebeu no Aeroporto Internacional de Narita quando cheguei aqui e se desdobrou só como um japonês sabe fazer para tornar uma estada mais amena, pois bem, este aluno acaba de abandonar a universidade e ir embora de Tóquio. Quando ele me deu a notícia, fiquei chocado, pois me parece absurdo que ele abandone a pós-graduação, tanto mais pelas razões que apresentou. Também porque já tinha me acostumado com sua doce presença e sentirei sua falta. Marcamos um encontro para que pudéssemos conversar com calma e ele veio ao meu apartamento.

Estava muito mudado, tinha engordado bastante durante as férias, período em que, segundo ele, não fez nada, a não ser ver televisão e pensar. Perguntei-lhe se ele se sentia muito só, o que ele confirmou. Se ele tinha uma namorada, o que lhe produziu aflição. E ainda se ele se sentia mal psicologicamente, o que também o incomodou, tanto mais por ter de dizer-me que sim. Afinal, eu quis saber o motivo concreto de sua decisão. Uma das primeiras coisas que ele disse foi que, para a sociedade japonesa, ele já era um velho. Ele tem 24 anos. Dele se espera que trabalhe e produza. Mas o motivo central de sua partida é que seu pai se sente muito só. E ainda: seus pais, mesmo estando na faixa dos cinqüenta anos, se sentem já velhos e abandonados. Ele é o caçula, os outros irmãos já têm vida independente. Voltará para casa depois de cinco anos vivendo aqui em Tóquio cursando a universidade. Está indo para fazer companhia a seus pais.

Diante desse fato que, para a nossa cultura, a do Brasil, talvez seja praticamente absurdo, conversei longamente com um amigo japonês. Ele então me explicou aquilo que no Ocidente nós estamos cansados de saber. Que em certas partes do Japão, algumas comunidades são profundamente conservadoras, como a região do norte, de onde veio esse aluno. A noção de indivíduo praticamente não conta, pois o que vale é o clã, a família, a comunidade a que se pertence. E então ele me contou uma pequena história que é realmente surpreendente, mesmo para ele, que já não se identifica com esses padrões de sociabilidade.

Há alguns anos, um dos alunos da pós-graduação decidiu abandonar o curso. Ou melhor, foi levado a isso. E a razão é mesmo insólita. O seu clã reunido, acatando a decisão do avô — o patriarca, portanto —, que possui total ascendência sobre os outros membros, decidiu chamar o garoto de volta para que ele tomasse conta do cemitério da família. De pós-graduando a vigia de lápides. Mas, num inesperado rasgo de possível sensatez, o clã, novamente reunido, revogou o que havia decidido e ele pôde continuar o seu curso universitário. A outro filho foi delegada a nobre função.

II

Há mais ou menos dois meses, os vizinhos da casa da frente adquiriram uma gatinha. Um minúsculo ser, nobre, com listras na cabeça e manchas pelo corpo, branca, preta e caramelo. Claro que ela, carinhosíssima, nessas poucas semanas conquistou todos os vizinhos e passou a ser disputada por nós. Potinhos de comida em cada entrada dos prédios, fotos com ela, enfim, virou bicho de estimação coletivo. Era possível ver um senhor japonês chegando com seu terno do dia de trabalho, agachado na entrada de um dos prédios durante um bom tempo alisando aquele animalzinho. Foi a primeira gata que vi miando no Japão, para contrariar o absoluto silêncio dos gatos e cães deste país. E contrariando mesmo, pois nos primeiros dias miava o tempo todo sem parar, como a dizer: "Onde estou? Que lugar é este? Para onde me trouxeram? Eu quero a minha mãe!". Aos poucos foi se acalmando e assumindo seu novo lar. Fazer o quê?

Veio me visitar algumas vezes, aprontava um berreiro na porta até eu abrir. Ela então entrava, vasculhava tudo, gostava principalmente dos nichos da estante. Por vezes, quando eu a acariciava, ela se virava de costas e deixava eu tocar sua barriguinha. Mas logo as orelhas ficavam pontudas, se agarravam à cabeça e ela me mordia furiosamente e me atacava com suas garras finíssimas. Depois voltava ao normal, escondia-se atrás da porta e, quando eu passava, voava em minha perna. Os gatos adoram fazer isto: ficarem escondidos e nos atacarem quando passamos.

Dormia em uma pequena caixa de isopor com seus cobertorezinhos e, quando eu saía de manhã, como ela conhecia o barulho da bicicleta, espreguiçava-se rapidamente e vinha trêmula enroscar-se nas minhas pernas. Como o leitor já deduziu, ela morreu. Hoje. Ainda não sei como. Para consternação geral. Quando saí agora para jantar, carregando pacotes de lixo, um enorme número de vizinhos estava na porta da casa. Todos falaram comigo ao mesmo tempo em japonês, eles tinham uma grande necessidade de me comunicar o que estava acontecendo. Expliquei para eles que não falo japonês. O dono da casa, talvez o mais triste de todos, com a casinha dela de isopor na mão, fez gestos e, no fim, o sinal-da-cruz, coisa que me deixou meio perplexo. Naturalmente respondi com o mesmo sinal e não pude conter um oh! muito triste que todos compreenderam instantaneamente. E, na mesma hora, todos em silêncio entraram na casa do vizinho.

Fui embora com meus sacos de lixo na cesta de minha bicicleta completamente transtornado. Quilômetros depois percebi que estava com o lixo ainda por jogar fora. Não a verei de novo quando acordar. Quando cheguei, olhei para a garagem e lá estava a caixinha de isopor tampada.

Talvez por coincidência, a família, sempre tão alegre, ficou sumida por umas duas semanas, numa espécie de luto. Os potinhos de comida continuam ainda nas entradas dos prédios, como se todos esperassem a sua volta a qualquer momento. E, para piorar, nesta semana, um gatinho miou sem parar num terreno perto daqui. Foi deprimente. O vizinho que mora em cima do meu apartamento, talvez porque não se tenha dado conta ainda da morte de nossa mascote, vasculhou durante muito tempo com sua lanterna toda a região do terreno tentando localizar o pequeno animal. Mas ele não estava lá.

Fuchu-shi, 20 de outubro do ano 13.

Maria Clara Machado nipônica?

Dona Judith vai abrir a porta
~~O casal vai se beijar~~
Ó que dupla tão feliz
Ela vai perguntar se ele passou um bom dia.
(Fala das irmãs Batista em Os Cigarras
e os Formigas, de MARIA CLARA MACHADO)

É TRADIÇÃO DA UNIVERSIDADE em que leciono que no final do ano uma grande festa estudantil se realize. Dentre as atividades da festa, cabe aos alunos do primeiro ano de português a montagem de uma peça de teatro. A situação é bastante difícil para esses alunos, pois os estudantes de todas as outras línguas apresentam peças de teatro quando já estão no segundo ano do curso, o que torna as coisas mais fáceis pois possuem um domínio lingüístico bem maior. Mas regras são regras, mesmo que ninguém tenha conseguido me explicar o porquê dessa situação especial que atinge os alunos do curso de língua portuguesa.

Desde o primeiro semestre começaram as movimentações para a realização da peça. Eles logo me procuraram pedindo ajuda e demonstraram interesse em montar alguns textos, de cujas hipóteses possíveis sobressaía a de apresentarem *Snow White*. Quando me disseram isso, quase tive um troço. Não só a peça nada tem a ver com a cultura e a literatura em língua portuguesa como também dá a exata medida do quanto os imaginários europeu e norte-americano invadiram esta ilha que é o Japão. Um amigo, desalentado e irônico, apenas me informou que seria talvez a décima encenação de *Snow White*...

Tratei de tomar providências urgentes. Consegui que minha sobrinha mandasse por *scanner* alguns textos de Maria Clara Machado e entreguei para eles cópias dos mesmos com pequenos resumos do seu conteúdo. Nós nos reunimos numa sala de aula, foram sinteticamente expostos os conteúdos das peças e os alunos, comportadíssimos, entraram em regime de votação. Eram duas as alternativas: *Camaleão Alface e as batatas mágicas* ou a comédia musical em um ato *Os Cigarras e os Formigas*. Venceu esta segunda com ampla maioria, para minha grande felicidade, pois é um texto realmente hilário, algo especial na dramaturgia de Maria Clara

Machado. Por uma triste coincidência, Maria Clara veio a falecer poucas semanas depois da escolha e eu não pude contactá-la a tempo, o que era minha intenção. Realmente uma pena: acho que ela gostaria muito de saber das situações inusitadas que a montagem de sua peça gerou. Como o texto era muito grande, tive de fazer uma adaptação cortando talvez vinte por cento dos diálogos, pois cada turma que apresenta uma peça tem apenas duas horas para montar o cenário, representar e desmontar tudo. Uma correria, portanto.

Agora, no segundo semestre, os ensaios começaram. Para mim, tem sido uma experiência deveras saborosa, já que adoro teatro, fiz muito teatro na infância e na adolescência, particularmente peças de Maria Clara Machado, e estou pensando em incluir em meu currículo o fato notável de que fui Pluft, o fantasminha, por três vezes: aos dez, aos onze e aos catorze anos, o que não é pouca coisa.

Como se trata de um musical, era necessário compor as músicas para as letras. Optei por um procedimento mais cômico, adaptando as letras de Maria Clara a músicas muito conhecidas no Brasil, do folclore ou da música popular brasileira, resultando por vezes em efeitos hilariantes. Foi assim que me utilizei de músicas como "Se essa rua, se essa rua fosse minha...", "Samba de uma nota só", de Tom Jobim, "Se a perpétua cheirasse...", "Você me chama", com letra de Torquato e música dos Titãs, "Você fica melhor assim", de Lô Borges,

"Moreninha, se eu te pedisse..." e "Comida é água", também dos Titãs. Fui encarregado ainda de corrigir minuciosamente a pronúncia dos atores, já que quase ninguém da platéia entendeu nada nas apresentações dos últimos anos. Mas, como eles são muito sofisticados, neste ano o texto traduzido para o japonês será projetado por um *data show* na lateral do palco.

E os ensaios começaram e com eles os problemas. Insolúveis. Por exemplo: por aqui não há relógios que badalam e a peça é toda entremeada de badalos de um grande relógio na praça em que se desenrola a ação. Eu nem conseguia explicar para eles o que era um badalo, pois muitos deles jamais ouviram um ao vivo. Resultado: vamos usar o som de um sino de um templo daqui que eles acham lindo, perfeito, exato, e que me mostraram felicíssimos com a solução tão inventiva. Evidentemente, concedi, não disse nada e concordei com aquele sino de todo absurdo.

Mas este nem de longe é o principal problema. Como é natural no teatro infantil brasileiro e em Maria Clara, a gestualidade dos atores é intensa, implicando socos, abraços, beijos, corridas, tudo o que compõe o universo do comportamento físico de qualquer brasileiro. Mas no Japão, a exteriorização de gestos, particularmente o toque do corpo do outro no espaço público, é quase que um interdito ou algo totalmente proibido. Daí que o teatro tradicional, como o Nô e o Kabuki, apresenta gestos cerimoniosos ou contidos e sempre de personagens isolados que não encostam nos demais.

Logo nas primeiras linhas da peça, Amadeu Formiga chega em casa e outros personagens falam: "O casal vai se beijar". E aí nada acontecia. Eu então pedi para eles se beijarem, um beijinho inofensivo no rosto. Nada, nem um movimento. Insisti inúmeras vezes. Inútil. Lá pelas tantas eles disseram: "Impossível". "Como impossível?", perguntei. Eles apenas repetiram mais forte: "Impossível!". Voltei à carga. Então todos gritaram como se estivessem precisamente sentindo dor: "IMPOSSÍVEL!!!". Fiquei enfurecido. Fiz então um discurso sobre as relações entre o teatro e a liberdade, particularmente a liberdade com o próprio corpo. Eles apenas baixaram a cabeça mais envergonhados e tímidos do que já são no dia-a-dia (pois não há ninguém mais tímido neste planeta do que um japonês). Fiquei imaginando o que seria dar alguns exercícios de certo teatro contemporâneo ocidental para eles: gritariam de pavor, certamente. Então, com uma crueldade que só assumo em momentos críticos e quando estou indignado, sugeri que Amadeu e Judith Formiga, sua esposa, se encontrassem e se inclinassem niponicamente um para o outro, como é o cumprimento básico de qualquer japonês. Eles, totalmente ingênuos, foram incapazes de perceber minha maldade e ficaram felicíssimos, deram palminhas e saltitaram relaxados após tanta tensão que eu tinha provocado; estava assim resolvido o problema.

Pasmei, Maria Clara Machado nipônica começava a se delinear em minha frente e ameaçava escapar ao meu controle. Foi difícil desfazer tudo para eles entenderem que não, que nenhum gesto então seria feito. E a solução extrema se impôs: peguei minha caneta e saí riscando a frase "Vai beijar sua esposa" de todas as cópias das peças que estavam em suas mãos. Pronto, resolvido, Maria Clara não é brasileira mas também não é nipônica, está desterritorializada temporariamente.

Foi assim que tive de adulterar a peça em várias passagens, suprimindo gestos, ações corporais que colocassem em risco a segurança psicológica desses jovens japoneses. Claro que o efeito final é meio maluco, pois não se assemelha em nada à intensa linguagem física de qualquer espetáculo no Brasil. A peça está mais para o Nô do que para Macunaíma ou José Celso Martinez Corrêa. Vamos estrear dentro de doze dias, eu tocarei o violão, já que é impossível para eles executarem os ritmos brasileiros e muito menos cantarem ao mesmo tempo que tocam. Hoje, ensaiando "Samba de uma nota só" com pandeiro e tamborim, quase passei mal com a percussão que eles conseguiam fazer. Impossível transferir ritmo sanguíneo, a música vai ficar com um pandeiro que parece um bate-estaca. Naturalmente, eu disse que estava ótimo, que estava excelente, encantador etc. É a isto que podemos chamar de tradução ou transposição cultural?

* * *

Japoneses são mesmo surpreendentes. Criativos, curiosos, sempre têm cartas na manga. Estreamos a peça hoje e creio que foi um sucesso. O público particularmente delirou, interrompendo a representação com uma chuva de palmas, quando as três irmãs Batistas cantaram a música da volta ao lar de Amadeu, tendo como base melódica o "Samba de uma nota só", de Tom. Contudo, duvido que qualquer pessoa da platéia tenha percebido, em toda a sua extensão, o ridículo da frase que coloquei no lugar do estribilho, que dizia assim: "Eis um verdadeiro lar, um lar, um lar, um lar, um lar, um lar.../ Doce lar!".

Mas, na última semana de ensaio, a montagem passou por transformações realmente significativas. A trilha sonora interessantíssima elaborada por duas alunas, o cenário e o figurino impagáveis (casas brasileiras no todo, mas com telhados japoneses...), os adereços, a projeção do texto em kanji por um *data show* (belíssima, pois o texto era projetado verticalmente, numa coluna com cerca de um metro e meio de altura por trinta centímetros de largura) e mesmo alguns acréscimos de diálogos, já que eles decidiram interferir na peça e queriam porque queriam uma cena de amor entre Billy, o pequeno super-herói, e Julietinha, a mínima super-heroína. Nada tórrido, claro, mas ao menos eles se abraçaram. Empreenderam, portanto, um esforço hercúleo para assumirem integralmente toda a gestualidade prevista no texto e provarem para mim e para eles próprios que eles conseguiam apropriar-se, mesmo que aos trancos e barrancos, de tudo o que existe no mundo (como se alguém ainda tivesse alguma dúvida sobre isso). Foi assim que conseguiram incorporar os abraços, os toques corporais, enfim, o que estava previsto no roteiro. Mas dois japoneses se abraçando em público não é efetivamente uma coisa muito convincente. Falta leveza, faltam espontaneidade, naturalidade, falta a entrega natural do corpo, coisa que qualquer brasileiro está cansado de saber fazer. É muito difícil, então, expressar a imagem de um abraço entre japoneses, mas creio que a fórmula "abraço robótico" é quase na íntegra fiel ao gesto em pauta.

Eles se abrasileiraram tanto que acabaram introduzindo na peça também um cumprimento de mão, igualmente mecânico, mas afinal um cumprimento de mão. E mais ainda, não sei como conseguiram se informar, mas introduziram também uma cena em que Julietinha é raptada e um dos malfeitores soltou lá o seu palavrão em alto e bom som: "cacete!", coisa que os deixou excitadíssimos e felicíssimos, vitoriosos. Contudo, o beijo entre Amadeu e Judith, sua esposa, permaneceu como a última e intransponível fronteira da interdição. Quem sabe, com mais um mês de ensaio...

Fuchu, 12/24 de novembro do ano 13.

Diferença cultural?

Então, vamos lá!

(trim... trim...)

— Alô? Amigo X? Aqui é o Ronald... Tudo bom?
— Tudo bem.
— Meu caro, eu estou ligando para desejar um feliz Ano-Novo para você e sua família.
— Tá bom. Muito obrigado. Um abraço.

(clic)

(...)

(trim... trim...)

— Alô? Amigo Y? Aqui é o Ronald... Tudo bom?
— Tudo bom.
— Meu caro, eu estou ligando para desejar um feliz Ano-Novo para o senhor e sua família.
— Como?
— Um fe-liz A-no-No-vo!
— Ah!... Tá bem. Muito obrigado. Um abraço.

(clic)

Fuchu, 31 de dezembro de 2001.

Repasto chinês

O peixe morre pela boca.

HOJE FUI CONVIDADO por um amigo para almoçar com ele. Tomei um trem em Musashisakai, onde ele me aguardava, e prosseguimos viagem com mais três baldeações de trem, até atingirmos os confins da província de Tóquio. No caminho ele foi me explicando que iríamos para um restaurante chinês.

Chegando à última estação no limite da província de Tóquio, prosseguimos a pé, passando por um belo bosque, onde também se situa um enorme parque de diversões com montanha-russa para grito a distância e outros horrores. Entre flores, sebes, cerejeiras e gramados para campo de golfe, fomos entrevendo um prédio ultramoderno esguio prateado, com seis andares, teto agudo, o hotel e restaurante chinês. Subimos para o sexto andar, onde se situa um dos restaurantes do hotel, com direito à vista colossal panorâmica do grande lago aprazível não rumoroso com banco de areia quase central para pouso de bandos de corvos, cercado de bosque por todos os lados.

Logo que nos sentamos, ele mais que rápido disse que escolheria o nosso almoço, o que para mim foi quase uma ameaça mas também aviso para que me preparasse devidamente, assumindo a posição de lótus. Seria um périplo quase infindável de pequenos pratos, que reguei com dois enormes copos de Coca-Cola, a modo de lastro com a realidade cognoscível. Evidentemente, o que interessa aqui é a descrição dos pratos na exata ordem em que eles foram trazidos para a mesa.

O primeiro prato a chegar foi uma saladinha simplesinha. Ela era constituída de diversas rodelas em círculo de pequenos tomates-maçã, uma muito pequena folha de alface, cubos de aproximadamente um centímetro quadrado de carne de vaca bem seca com gergelim, fatias de carne de ganso, duas salsas crespas e uma flor. O meu amigo avisou-me que essa flor era muito amarga. Digamos que essa pequena flor amarela concentra cem jilós em sua inocente constituição. Eu a comi e levantei vôo. Mas ela foi superada por uma pequena cabeleira que me pareceu, em minha santa ingenuidade, ser um tipo de macarrão. Mas ele pedagogicamente esclareceu-me que não, que era um tipo de água-viva comestível. Quando mastigada, produzia pequenos estalidos como se estivéssemos dentando elásticos que usamos para prender maços de dinheiro. No fundo, um sabor agradável, mesmo que cercado por certo medo. Mas essa simplória salada não é nada perto do prato número dois.

Uma terrina fumegante foi trazida com uma enorme gosma. Aliás, a gosma foi a personagem dominante, a presença número um em todo o restante do almoço, só se ausentando de um prato que descreverei mais à frente. Puro visgo, pura geleia, desconheço qualquer coisa com propriedades mais retráteis, aderentes ou ciosas da manutenção de sua unidade constitucional. Por momentos pensei que meus lábios e minha língua fossem ficar para sempre colados, necessitando de uma intervenção a laser. Essa gosma era nada mais nada menos que cogumelos acompanhados de barbatanas de tubarão. Essas barbatanas, fios transparentes de poucos centímetros, ou se recusavam a permanecer na colher, voltando revoltadas para o potinho em que me serviram, ou se contraíam abruptamente com movimentos quase tentaculares e paravam quietas no fundo da colher. Meu amigo, mais uma vez pedagogicamente, explicou-me que essa é uma das consideradas três iguarias divinas da comida chinesa. A segunda são ninhos de andorinhas marítimas. Os ninhos são desfeitos e preparados sabe-se lá como, mas, atenção!, só podemos usar ninhos de andorinhas marítimas. As terrestres não servem. A terceira quintessência ele não chegou a comentar e nem eu perguntei, pois acho que eu e vocês podemos muito bem dar livres asas à nossa imaginação. Gosto bastante dessa sopa de barbatana de tubarão, pois é uma delícia, abstraindo-se sua consistência de gel. É sempre possível, como sabemos, comer de olhos fechados.

Um parêntese: meu amigo, por certo buscando justificar de modo delicado sua escolha pelo restaurante diante de minha perplexidade impossível de ser ocultada, aludiu a um ditado chinês que diz mais ou menos assim: "Tudo o que tem pé pode ser comido". Claro, ele aqui tentava esboçar uma visão crítica com respeito ao fato de a cozinha chinesa praticamente desconhecer limites, salvaguardando a culinária japonesa, que talvez em seu entendimento fosse mais comedida e criteriosa. E com uma boa dose de ironia, a ironia típica de um japonês referindo-se aos chineses, acrescentou: "Esta mesa, por exemplo". De minha parte, não hesitaria em transformar esse ditado chinês num ditado japonês, e isto em total sintonia com o que usualmente os japoneses sempre fizeram com a cultura chinesa: assimilando-a mas transformando-a. Ficaria assim: "Tudo o que tem pé ou não pode ser comido".

O terceiro prato era mais comum, ainda que não menos violento. Apenas um visgo constituído de outros cogumelos, legumes, molho picante e lulas, que devorei rapidamente, já ansioso pela próxima loucura, que chegou bem rápido — uma pequena fritura quadrada, digamos, um misto de rolinho primavera com bolinho de bacalhau, mas que na realidade era feito de camarão. Ao lado, uma pequena asa de frango frita, realmente genial, pois a pequena coxinha da asa era recheada com um delicioso creme feito com muita salsa e muito alho. Algo delicado e inesquecível.

O quinto prato também era comum: camarões médios mergulhados em molho gelatinoso bem picante, com muita pimenta e raiz-forte (algo no mínimo explosivo). O último prato — e aí eu já estava no meu segundo grande copo de Coca-Cola — era aquele tradicional macarrão frito chinês, acompanhado de cogumelos, legumes, molho gosmento *again*, frutos do mar & etc.

Fiquei de algum modo feliz com o encerramento do almoço, mas não sabia que ainda faltavam o chá chinês e a sobremesa. Esta era mesmo pasmante. Cubos de gelatina de algas verdes, acompanhados de também cubos de pudim de leite (uma mania nacional), um pedaço equivalente a um oitavo de uma cereja, um pedaço infinitesimal de pêssego, três partículas, que não ultrapassavam quatro milímetros cada uma delas, de pêra, além de calda semiviscosa transparente. Mas havia ainda dois pequenos caroços, digamos assim, enigmáticos. Pensei que eram caroços de cereja que por descuido tinham vindo na minha sobremesa. Mas na do meu amigo também havia dois caroços. Então tive de perguntar o que era aquilo. Logo ele me esclareceu que eram dois grãos de feijão azuki, que no Japão e na China só são consumidos como doce, e não em pratos salgados, como no Brasil. Claro que grandes goles no chá fervendo e na Coca gelada anulavam um pouco essa coisa que se auto-intitulava sobremesa e que punha em risco tudo o que havia se passado antes.

Saí de lá refestelado, agradecendo ao meu amigo pela feliz idéia de ter-me levado a um restaurante chinês. Nem sei o que poderia ter me acontecido, se eu sobreviveria se tivéssemos ido a um restaurante japonês.

Fuchu, 18 de abril do ano 14.

Que loucura!

Só quero chocolate.
Tim Maia

Pois vejam vocês. Estava eu andando de bicicleta quando vi um caminhão, desses com carroceria fechada, e na testa do caminhão vinha escrita, em letras garrafais e bem legíveis (não kanji que um bom número dos próprios japoneses não consegue ler), a sigla lsd. Oba!, pensei, então é assim, eles levam em casa de caminhão, delivery!, há um serviço regularizado de entrega em domicílio, numa embalagem "quentinha", é só telefonar, quatrocentos bilhões de lsds em pilhas na capota, só pode ser isto, tem de ser.

(Afinal, todos sabemos, o Japão é o lugar mais quadrado, mais careta de todo o sistema solar. Mesmo em Marte a loucura é um pouco maior. Aqui meus alunos jamais viram um baseado, muito menos uma carreira de pó, e ficam horrorizados à mera menção dessas coisas, dado o grau de ideologização da sociedade, com ininterruptas campanhas antidrogas. Nunca encontrei um autóctone que tivesse fumado um cigarro de maconha. Nunca um aborígine que tivesse cheirado uma carreira. Mesmo o povo japonês consumindo uma variedade infinita de champignons desconhece os cogumelos alucinógenos, o que me intriga. Na ilha praticamente nada entra. Basta ver os serviços de vigilância nos aeroportos, com seus inúmeros cães e os rapazes te perguntando: *marijuana? Do you have marijuana in your bag?* No máximo, portanto, os japoneses um pouquinho mais *outsiders, undergrounds*, enlouquecem usando anfetaminas infantis que conseguem comprar em alguma farmácia, ou cheiram muito éter, clorofórmio, argh!, essas coisas que qualquer menino do Brasil que seja um pouco mais esperto abandona para sempre na sua festinha de onze anos de idade.)

Mas afinal, depois de todo este longo pensamento que passou como uma rápida onda por minha cabeça, o caminhão foi fazendo lentamente a curva e ficou de lado e na carroceria estava escrito: *Lightning Service & Department*.

Pronto, "o sonho acabou", como disse Lennon, era bom demais para ser verdade, voltei a ficar no escuro... Portanto, não fique empolgado e muito menos fissurado se você vir um caminhão desses pela cidade.

Fuchu-shi, 14 de maio do ano 14

UM DIA EM HAKONE

Você pega o trem azul
O sol na cabeça
LÔ BORGES e RONALDO BASTOS

SEGUINDO O CONSELHO correto de Átila, fui no último sábado a Hakone para visitar o The Hakone Open-Air Museum. Saí de casa às seis horas da manhã e me encontrei com um adorável amigo japonês às sete e meia na estação de Tóquio. Lá compramos um bilhete e seguimos viagem na manhã de sol ameno. Hakone fica apenas a cem quilômetros de Tóquio, mas, por uma lógica completamente diferente da do Brasil, cruzar esses cem quilômetros demora no mínimo duas horas e meia, pois o trem pára em cada esquina e vai a uma velocidade talvez inferior a cinqüenta quilômetros por hora. Claro que, fumantes inveterados, descemos numa estação para saborear um bom cigarro durante alguns minutos, pois toda hora passa trem, e tentar comprar uma Coca-Cola salvífica. Ele estava faminto, pois não tinha tomado o seu "pequeno almoço", como ele diz em seu português português, e comprou algumas guloseimas de chocolate que ele devorava espalhando um delicioso cheiro no ar. Nesta estação, cruzamos com um bando de escoteiros. Sim, essa praga também existe aqui, o que nos levou a algumas reflexões a respeito e eu comentei com ele um texto de Benjamin sobre o tema. É interessante observar que ele se formou em filosofia e nós cada vez mais falamos disso, o que é dificílimo, já que não é extenso o seu domínio vocabular do português. Mas, com ajuda de dicionários de português-japonês e do inglês, acabamos conseguindo nos comunicar.

Afinal, chegamos a Hakone, digamos assim. Hakone é uma enorme região, implica a possibilidade de inúmeros roteiros turísticos alternativos. Conhecê-la demandaria algumas visitas ou passar lá diversos dias. Mas ele já havia definido todo o nosso infinito périplo, coisa que só fui perceber às duas da tarde (para meu desespero e meu encanto). Pegamos, então, um trem que começaria a percorrer a subida mais íngreme do Japão e a segunda do mundo. Realmente, um pasmo: a montanha era tão abrupta que o trem só podia subi-la em ziguezague. Ou seja, ele ia até uma ponta e voltava de ré pegando outro trilho, assim até lá em cima, algo em torno de setecentos e cinqüenta metros de altitude. O caminho era bem bonito, abarrotado de hortênsias roxas, rosas, brancas e azuis-turquesa. No percurso, algo hilário. Eu teria de escrever uma crônica só sobre as roupas, as indumentárias dos japoneses, específicas para cada situação possível do cotidiano. Aliás, vou fazer isto em breve. Aqui registrarei apenas que passávamos por um riacho, um ribeirão, quase uma poça, quando vi lá embaixo, nas margens dele, japoneses pescadores. Quando comentei que aquilo era um medíocre ribeirão, meu amigo quase ficou ofendido, pois me disse que era um grande rio. E lá estavam os japoneses vestidos absolutamente a rigor, com suas galochas, roupas impermeáveis, chapeuzinho específico para pesca (e que não pode terminantemente ser usado em NENHUMA outra ocasião), bolsas (sempre bolsas!), malas, mochilas, e varas de *fiberglass* de, no mínimo, seis metros de comprimento, com molinetes provavelmente computadorizados, iscas artificiais (suponho, pois jamais me encontrei com uma minhoca por aqui) etc. etc. Realmente um pasmo, pois naquele ribeiro só devia existir, se muito, um lambari, um cará, ou quem sabe um pequeno bagre.

No alto da montanha, afinal o The Hakone Open-Air Museum. *Time*: dez e meia da manhã. Portanto, demorei quatro horas e meia para chegar aonde queria. Antes de entrar no museu, comemos algo (fui salvo no restaurante porque havia brioches, ainda que o recheio fosse uma pasta de atum) e comprei uma máquina fotográfica descartável. O museu, na verdade, é tão grande e variado que foi impossível percorrê-lo todo. Ficamos três horas lá dentro e conseguimos ver apenas parte dos objetos expostos. A coleção de peças ao ar livre é realmente fantástica: inúmeras esculturas de Henry Moore, talvez o mais representado (dezesseis esculturas). Mas também um Balzac, de Rodin, uma *Miss Black Power*, de Niki de Saint-Phalle, além de algumas peças engraçadíssimas de Dubuffet, sem contar Antony Gormley, Marta Pan, Taro Okamoto e dezenas de outros escultores contemporâneos.

Mas, afora a coleção de peças ao ar livre, o espaço do Open-Air Museum ainda abriga outros quatro museus. Para mim, foi mesmo especial visitar a *Manzù Room*, com cerca de vinte relevos de Manzù, famoso por um de seus portais na capela do Vaticano. Algo soberbo e aterrorizante. Outro museu é "apenas" de obras de Picasso: uma coleção enorme de peças de cerâmica, principalmente louças, pintadas por Picasso, afora alguns quadros e mesmo dois vitrais feitos por ele reproduzindo dois quadros clássicos seus. O terceiro museu abrigava artistas a partir do impressionismo: Renoir, Chagall etc., mas o melhor foram dois quadros de Dubuffet intitulados *Tempestade de barba*, duas representações de um mesmo homem com uma enorme barba: impagáveis, ri demais. O quarto museu abrigava miniaturas de Henry Moore, afora um Calder e dezenas de outras esculturas.

Saí dali exausto, para mim já havia acabado o passeio. Foi quando meu amigo me revelou, rindo sadicamente, que não, que apenas estávamos começando, que ele já tinha previsto todo o roteiro que então passou a me expor. Quase caí morto só com a extensão do texto referente ao percurso. Tudo bem, em frente. Pegamos então um bonde como aqueles que sobem para o Corcovado. Algo tão íngreme que eu pensei que estávamos sendo içados. Entre mil japoneses na frente e mil japoneses atrás fo-to-gra-fan-do (nunca mais repetirei isto: o leitor sempre deve se lembrar de que, em toda e qualquer situação, haverá dois mil japoneses em torno, no mínimo, com suas máquinas), afora centenas de turistas indefectíveis, londrinos que vieram para a Copa, os naturalmente balofos norte-americanos e os indianos lindos. Atingimos cerca de novecentos metros. E foi lá que ele me revelou que então pegaríamos um bondinho. Como o do Pão de Açúcar do Rio, mas só que atravessando montanhas e montanhas e montanhas, algo infindável, eterno. Tenho pavor de altura, não sei como me permiti. Mas voltar pelo abismo bonde abaixo?

O bondinho subiu, subiu, subiu e quando atingiu o ápice do cume e eu pensei que tínhamos chegado, a gritaria foi geral, pois ele começou a descer o outro lado da montanha descrevendo um enorme semicírculo sobre uma quase cratera de um vulcão em semi-atividade. Chegamos à outra borda da quase-cratera e descemos a mil e cem metros. Prosseguimos a pé até cerca de mil duzentos e cinqüenta metros montanha acima, passando por uma vegetação lúgubre e mágica com corvos por todos os lados, e chegamos a outra região de atividade vulcânica, com poços de água fervendo esguichando entre as pedras e muita fumaça de puro enxofre saindo de inúmeros pontos. Mesmo os pequenos lagos tinham as bordas completamente amarelas de enxofre. Havia um curioso e pequeno teleférico que chegava até aquela altura carregando umas caixinhas enigmáticas: ovos, ele me esclareceu, ovos para serem cozidos nos lagos fumegantes e comidos pelos turistas, a grande atração do lugar. Eles saem negros carvões daquela água e são devorados por japoneses sentadinhos feito Buda. Desci extasiado, sempre quis chegar perto de um vulcão. Dispensei o museu de história natural que havia nas imediações (tal como japoneses, sempre há um museu...) e voltamos ao bondinho para prosseguir viagem. Cruzamos montanhas e montanhas e afinal chegamos ao esplêndido lago de Hakone.

O lago de Hakone é um cartão-postal. Vinte quilômetros de extensão, profundidade variável entre quarenta e oitenta metros, vegetação exuberante em torno, praticamente nenhuma presença humana, apenas o porto com algum hotel e restaurante. Não é permitido nadar no lago. Comemos no segundo andar do restaurante com vista paradisíaca. Infelizmente, à tarde, nublou, o Fuji estava a um palmo de nosso nariz mas não era visível. Então fomos para o porto pegar nossa embarcação. No porto, paradas, duas barcas tão lindas quanto *kitsches*, pois eram réplicas detalhadas de embarcações inglesas e suecas do século XVII. Quase idênticas internamente às barcas Rio–Niterói, mas limpíssimas, novas, belas mesmo. E no exterior totalmente decoradas em laca e ouro, ou verde e ouro, com direito a leão dourado e alado na proa, estátuas de madeira de marinheiros vestidos a caráter, canhões, um inferno total. E japoneses pressurosos sempre limpando cada fio de cabelo, cada grão que pudesse macular a imagem perfeita de um degrau periférico, por exemplo. Estas não eram as únicas barcas, outras vinham e iam pelo lago. Pegamos a barca verde, em meia hora chegamos ao centro histórico de Hakone. Eram dez para as cinco da tarde. Lá, dois museus importantes, um de cenas de natureza de grandes artistas japoneses e outro com uma coleção de Chagall. Não pudemos visitá-los, pois fechavam às cinco.

Decidimos, então, ir para o centro histórico visitar o chamado patrimônio, no caso, um prédio antigo que foi uma alfândega no século XVII. Mas o caminho... Cedros japoneses com cerca de trezentos ou quatrocentos anos, tão altos quanto as palmeiras-reais do Jardim Botânico do Rio, um cheiro maravilhoso, um bosque multissecular. Vimos a alfândega e afinal caímos mortos.

Começou a longa viagem de volta. Um ônibus às 5h25, um trem às 6h15. Antes de embarcarmos no trem, ele me levou a uma loja de objetos de artesanato onde eu comprei alguns que são um sonho: cubos e esferas de madeira feitos de encaixe para desmontar e remontar ou ir parar num hospício. E um porta-jóias em divina marchetaria, cuja tampa só abre depois que conseguimos executar seis movimentos sutis com uma das laterais: um sistema de cofre, legal mesmo, inventado em torno de 1850. No trem nós ficamos cerca de duas horas. Ele naturalmente dormia, como todo e qualquer japonês (mas eu já estou aprendendo a técnica de conseguir dormir em qualquer lugar e em qualquer posição, inclusive em pé). Num momento em que ele acordou, disse-lhe que se aquele trem não chegasse imediatamente a Tóquio eu ia começar a gritar muito e muito, mas ele apenas riu à beça, pois a cada dia me conhece mais e mais e tem a calma típica de um japonês.

Dentre nossas conversas, falávamos obviamente sobre a Copa do Mundo e sobre a garra dos japoneses, mas que só por um milagre ganhariam o campeonato. Ele então me contou algo que considero das coisas mais interessantes que aprendi aqui, ou que afinal compreendi sobre o povo japonês. Ele explicou-me que a palavra kamikaze (vento de Deus) foi cunhada há cerca de oitocentos anos, quando os japoneses, quase perdendo uma guerra para os mongóis, foram salvos por um tufão, que foi batizado com este nome. Daí a retomada da mesma palavra durante a Segunda Guerra Mundial. Eu então perguntava se aquilo não tinha sido uma loucura, um ataque insano, uma causa previamente perdida, pois não compreendi imediatamente a relação que ele estava estabelecendo. E ele esclarecia: mas é isso, e para um japonês, quanto mais impossível é uma coisa, então é que é mesmo importante se lançar nela, pela total certeza de que é impossível. E ele me dizia isso com alegria nos olhos, uma força e um brilho de dez mil anos de civilização, um vigor bélico absolutamente criativo.

Afinal, às 8h10 chegamos a Shinjuku e nos despedimos. Peguei outro trem e mais ou menos às nove e meia da noite abri a porta de minha casa. Exausto, esgotado, mas muito, muito feliz...

Fuchu-shi, 12 de junho do ano 14.

No país do futebol

> *A bola vai até o campo contrário, intervém o atacante e chuta em vez de centrar. Cobram o córner, o atacante desvia a bola com a cabeça, dispara forte o centroavante e bate o goleiro.*
>
> Substituam a palavra *bola* por *globo terrestre*.
>
> JOAN BROSSA (*Poemas civis*)

JÁ SE DISSE QUE O ESPORTE é a guerra por outros meios e não há razão para se duvidar disso, admitindo o exagero da comparação. Aqui no Japão, em Tóquio, a pequena guerra prossegue sem que saibamos quem sairá vencedor. Momentaneamente o Japão se transforma no país do futebol. Claro que uma preparação enorme foi realizada durante os últimos dois anos para abrigar o grande evento: estádios futuristas construídos, investimentos incríveis, propaganda pesada, tudo para o espetáculo ser grandioso. Desde que cheguei ao Japão, em abril do ano passado, pude acompanhar, por exemplo, as inscrições de alguns milhões de japoneses para terem os ingressos das partidas, seguidas posteriormente dos sorteios que premiaram cerca de cem mil deles com o direito de assistir aos jogos. E quanto mais a Copa ia chegando, mais a cidade ficava coalhada de *outdoors*, luminosos e centenas de publicações referentes ao futebol, afora os inúmeros serviços que foram criados para o país receber milhares de estrangeiros que para cá se deslocaram, como postos turísticos com inúmeros prospectos e mapas para podermos chegar aos estádios, comer, ficar em um hotel, divertir-se nas redondezas etc. Participei informalmente, inclusive, de um desses serviços, fazendo a revisão da tradução para o português de algumas dezenas de frases básicas, que foram publicadas num pequeno livro em nove línguas, um kit de sobrevivência na cidade.

Ainda que a performance japonesa nas Copas do Mundo não ultrapasse o medíocre, eles adoram o futebol e o esporte populariza-se cada dia mais. Pode-se mesmo dizer que estão vivendo uma situação de ascendência, de progressivo domínio do esporte, o que se atesta pela melhoria dos resultados da equipe japonesa nos últimos torneios mundiais e mesmo neste atual campeonato. Note-se, inclusive, que um ou outro bom jogador japonês já é produto de exportação para as equipes européias, sinal de que atingiram a maturidade. Mas, como me informou um amigo, time japonês de futebol que não tem um jogador brasileiro não é exatamente um time de futebol... Como não entendo absolutamente nada de futebol, inclusive não assisti a nenhuma partida até agora, nem mesmo as do Brasil, vou colhendo os resultados a partir do que os meus alunos me informam dia a dia, mas também reunindo, aqui e ali, informações diversas, tentando sentir o "clima" e o modo como eles encaram esse esporte.

Cheguei a almoçar com um aluno meu, membro da equipe de futebol da universidade onde leciono, para coletar dados e conseguir material para este texto. Obviamente, ele torce para o Japão. Mas como morou em Portugal durante um ano, também apóia a seleção portuguesa. Ele me concedeu essa pequena entrevista antes do início dos jogos e sua previsão era que o Japão empataria com a Bélgica e a Rússia e ganharia da Tunísia. Como o futebol é, para usarmos um velho clichê, uma caixinha de surpresas, o resultado foi bem diferente. Tanto quanto o das enquetes que programas da TV japonesa divulgaram antes do início das partidas, em que as equipes mais cotadas eram as da França, da Argentina e da Itália, pois todas as três já estão fora do páreo.

Curioso também que o futebol seja um esporte admirado aqui tanto por homens quanto por mulheres. Claro que majoritariamente ele é praticado por homens, mas nas últimas semanas tive a oportunidade de ver, por mais de uma vez, os garotos e as garotas da universidade jogando juntos uma boa pelada nos gramados em torno do *campus*. E detalhe: rindo muito, eles jogam sempre rindo muito, pois acham os sucessivos erros muito engraçados. Também em sala de aula fiz diversas perguntas sobre o futebol. As garotas assistem a todas as partidas, vibram, andam com prospectos com a indicação de todos os jogos etc. Uma delas, inclusive, disse-me que sua diversão preferida na infância era jogar futebol.

É óbvio que todos (ou quase), dentro de sala e fora dela, estavam convictos, até ontem, de que o Japão seria o campeão mundial. E foi inútil tentar convencê-los de que isso era impossível, uma idéia absurda. Foi preciso a realidade passar esmagadoramente por cima do desejo. Quando, dentro da sala, duas semanas atrás, disse-lhes que era impossível a vitória do Japão, ficaram histéricos, riam nervosamente, irritados, indignados até. Seria o jogo Japão *versus* Rússia. Fiz então rapidamente um placar onde todos, sem exceção, davam vitória ao Japão. E não erraram. Para provocá-los, fazendo o papel de desmancha-prazeres, disse que a Rússia venceria por 1 a 0. Foi o fim, ficaram mesmo mal-humorados comigo. Na aula seguinte, quando entrei na sala, o quadro-negro estava todo pintado e bordado com a vitória do

Japão (cujo enorme nome possuía decoração à parte, coloridíssima, cheia de flores) sobre a Rússia. Num canto eles escreveram provocativamente: E aí? Não posso deixar de confessar que fiquei desarmado. Mas peguei um pincel atômico (sim, o quadro é escrito com pincéis atômicos de várias cores) e apenas coloquei na parte superior: 4 a 0, que foi o resultado do jogo do Brasil. Eles riram demais, mas estavam também indignados. E assim fomos trocando pequenas farpas. No jogo seguinte do Japão com a Bélgica eu já entrei em sala temeroso, mas não olhei para o quadro. No entanto, não resisti e olhei. O quadro estava em branco, e como todos perceberam o modo do meu olhar, riram quase até morrer. Como brasileiro, claro que sou visado, pois há admiração mas também inveja no ar. Alguns já vieram falar para mim que os brasileiros jogam diferente, são artistas no campo. Ao menos perceberam o que nós estamos cansados de saber: o futebol do Brasil é, perdoem por outro clichê, uma forma de "arte", está para além da técnica.

Há também uma diferença incrível entre a torcida japonesa e a brasileira. Afora os estádios e a região em torno, onde a comemoração é muito alegre e pesada, bem como em algumas partes centrais da cidade, não se ouve um pio durante as partidas do Japão. Eu tinha de telefonar para alguém ou esperar o dia seguinte para saber se o Japão tinha vencido ou não. Aqui onde moro ninguém se manifesta após um gol: nenhum grito, nenhuma bomba, nenhuma bandeira, nada. Sim, aqui as ruas não têm bandeirinhas, nem o asfalto é pintado ou os muros pichados. Tudo é muito *clean*.

Mas o sonho acabou, o Japão perdeu. Para minha sorte, eu estava nas proximidades de Shinjuku (a maior estação de trens do mundo, com um fluxo de cinco mil pessoas por minuto) na hora exata em que a partida terminou, às 17h37 no meu relógio. E pude assistir a um espetáculo emocionante: centenas de garotos e garotas, a maioria vestida com a camisa azul-turquesa da seleção do Japão, saíram pelas ruas gritando e armando um verdadeiro carnaval. Gritavam *Nipon*, *Nipon* (Japão), com toda força, e batucavam (tão maravilhosamente quanto um japonês sabe batucar, pois são exímios em percussão), dançavam, se divertiam numa enorme alegria. Mas, curiosamente, nenhum adulto participava da folia, só passava rápido e observava um pouco, disfarçando seu desapontamento, sua tristeza impossível de ser ocultada. Aquilo soava como um exemplo para os adultos, exemplo de garra, de amor à pátria, de vontade de tentar de novo. E, muito estranhamente, centenas de policiais estavam espalhados por toda a região, o que me causou certo horror. Policiais para conter aqueles meninos e meninas visivelmente de escolas secundárias? Como aquilo era agressivo e destoava da ingenuidade e da bela festa deles...

No entanto, como o Japão não é um país em que a crítica se manifeste direta e claramente, fui informado de que nenhum jornal censurou o desempenho da seleção, pelo contrário, os jogadores foram até elogiados pela imprensa. Que distância do Brasil!, onde todos são PhDs em futebol e qualquer microerro de um jogador é motivo para teses e teses na imprensa diária demonstrando sua inata, atávica incompetência. E também pude conhecer mais de perto ainda a outra face da moeda da derrota. Se aqueles jovens brincavam e se divertiam nas ruas de Shinjuku, quantos outros garotos não choraram ao ver seu país sair derrotado do campo. À tarde, uma aluna foi à minha sala e eu muito cuidadosamente perguntei a ela o que tinha achado do jogo de ontem, se tinha assistido à partida na TV. Como ela não sabia falar a palavra chorar, apenas com as mãos, com os dedos descendendo pelos olhos fez-me compreender, ou melhor, sentir como ela tinha sofrido.

Mas daqui a quatro anos tem mais. Bola pra frente!

Fuchu-shi, 19 de junho do ano 14.

MODELITOS

...com que roupa, com que roupa eu vou...
NOEL ROSA

OS JAPONESES TÊM ROUPAS específicas para cada ocasião. Não vou me deter nas roupas para cerimônias e lutas marciais, muito comuns nos fins de semana, quando podemos encontrar pelas ruas os japoneses indo aos templos vestindo costumes bem particulares ou portando saias sobre as calças e segurando grandes espadas se dirigindo aos estádios. Ou nas roupas para os rituais de passagem, como o quimono afinal permitido às garotas no Dia da Maioridade. Sim, existe aqui este feriado nacional. Eu nem teria vocabulário para descrever essas belas vestes. Algumas possuem ângulos inusitados, são roupas quase quadradas ou retangulares, de repente um sólido simples e com modelagem estará vindo em sua direção. É só pensarmos nas gravuras japonesas que ilustram nobres sentados em almofadas com suas vestes pontudas para termos um parâmetro visual do que eu estou falando. Penso ainda nos delicados adereços para o cabelo que as mulheres usam, realmente são uma beleza, algo que as garotas ocidentais precisam urgentemente descobrir e adotar. Quero tratar aqui apenas das roupas de uso cotidiano relacionadas a atividades diversas. Em contraste com a miséria do pobre brasileiro, que se veste com a roupa que tem e reserva para o domingo a roupa de ir à missa, qualquer japonês é quase um símbolo de ostentação e luxo (mesmo que de mau gosto). Em outro texto eu já falei sobre japoneses em ação com indumentária e apetrechos de pescaria. Para começar, sirva-me aqui de laboratório a minha gentil vizinha, uma senhora com cerca de quarenta anos que sempre me cumprimenta sorrindo e falando *kom nitchi wa!* (boa tarde).

Na verdade, eu passei a observá-la por causa do fato de ser ela quem sempre apara as sebes em torno de sua casa e do estacionamento do edifício, além de arrancar todos os matinhos que crescem na beira das calçadas e nos canteiros. Todo e qualquer japonês realiza múltiplas atividades, tende à auto-suficiência, pois aqui não é uma vergonha que uma senhora mãe-de-família esteja agachada na beirada do asfalto capinando tiriricas, o que me parece muito positivo nesta cultura. Especificamente para esse trabalho, ela se veste a rigor:

botas e luvas de borracha, uma calça de brim, uma camisa de pano mais larga, lenço na cabeça e, sobre o lenço, um chapéu de palha. E portando nas mãos instrumentos futuristas, pois mesmo para colher uma pétala os japoneses já inventaram um aparelho piscante com motor elétrico-digital e de barulhinho singular. Mas se, lépida, ela retorna ao lar e volta a sair, daí a cinco minutos, para ir ao supermercado, estará vestida de forma diferente, sendo quase desnecessário descrever o seu *jogging* casual e o indefectível tênis branco de mãe (eu não preciso detalhar este tênis, pois todos os seres do planeta sabem como é um tênis branco de mãe). Sem lenço, sem chapéu, pronta para pedalar.

Japoneses têm muitos problemas de pele, daí que em geral estão cobertos para se proteger do sol, principalmente no tórrido verão de Tóquio. É comum, portanto, que todos estejam de chapéu no verão e que saquem, a qualquer momento, de um leque e comecem a se abanar. Note-se que são especialistas em leques, havendo os que são próprios para homens e os para mulheres, ainda que eu não consiga perceber uma grande diferença entre eles. Mas o fato mais curioso são as longas luvas, algumas rendadas, que vão até os cotovelos, usadas pelas senhoras quando estão pedalando suas bicicletas. Outro dia estacionei no supermercado e tomei um choque ao perceber que, por um sistema que não pude avaliar de perto e detidamente, há luvas que ficam agarradas ao guidom, pendentes, murchas, o que é uma cena que funde com grande competência o melhor do dadá e do surrealismo e que ainda não foi explorada. Quero fotografar esta coisa insólita.

Aliás, capítulo à parte são as luvas. Japoneses são obcecados por elas, todos as usam e de vários tipos: as luvas de malha branca dos motoristas de táxi, que estão sempre de terno e chapéu; as luvas de linha branca dos operários e trabalhadores autônomos em geral; as luvas coloridas das garotas para irem à escola; as luvas plásticas ou de borracha para limpeza de dependências públicas etc.

Outro aspecto notável diz respeito às roupas e aos adereços para dias de chuva. Acho um verdadeiro mistério que todos tenham controle quase absoluto das mudanças meteorológicas. Creio que eles, antes de saírem de casa, ligam a TV, consultam o jornal ou o rádio para saberem precisamente se vai ou não chover. É impossível, então, encontrar um japonês desprevenido. Do nada, de lugar algum, de repente eles sacam de seus guarda-chuvas e sombrinhas e capas e galochas e... Como não há nunca nenhum japonês na face deste planeta que não esteja carregando de um lado para o outro uma enorme mochila nas costas (a sensação que temos é de que todos sempre estão indo para um acampamento no Fuji...), é de lá de dentro que tudo isso sai. Roupas de chuva englobam as referentes aos seus queridíssimos cães que, uma vez passeando pelas ruas, também portarão suas pequenas capas plásticas.

Um hábito bastante particular é o que se refere ao uso da gravata preta, somente admitida para ir a velórios. No Brasil não há tantas restrições assim, pois alguém pode sair para a noite ou mesmo ir a uma cerimônia com uma gravata preta. Lembro-me do espanto enorme que provoquei na universidade num dia em que fui dar aulas de gravata preta. Até que alguém não resistiu e perguntou-me se tinha morrido alguém de minha família. Como disse que não, fui então esclarecido sobre a gafe, segundo os parâmetros locais, que eu estava cometendo com meu traje. Inútil, voltei a usá-la na mesma situação.

Como era de se esperar, num país com as estações do ano tão demarcadas, é também compreensível que todos tenham roupas bem específicas para cada época do ano, ainda que haja exceções. É o caso da roupa masculina típica dos adultos. De cada cem homens japoneses adultos que encontrarmos pelas ruas, em bicicletas, nos trens, a pé, a metade deles estará com certeza vestida com terno preto, sapato preto, camisa branca (são raras as camisas de outras cores para ir ao trabalho) e gravatas de várias padronagens, o que é o único adereço capaz de distingui-los. Se for inverno, o sobretudo também será preto. Este é o uniforme nacional. E por falar em uniformes, este é o país deles. Qualquer firma ordinária de fundo de quintal fará seus funcionários usarem um vestuário padrão, geralmente macacões de brim. Há um verdadeiro batalhão de uniformizados vagando pelas ruas. Talvez para compensar a inexistência de um exército nacional. Portanto, aqui, fetichistas de todo o mundo, reuni-vos.

Fazer esportes também implica indumentária particular. *Joggings* dos mais diversos tipos, para dias de chuva ou não, tênis variados, bolsas plásticas enormes etc. Se um garoto está indo bater uma pelada, claro que ele vai de uniforme completo: calça comprida, blusão com os emblemas do time e grande bolsa a tiracolo. E lá colocará outro uniforme completo para o jogo propriamente dito. Há um tênis aqui muito interessante, adorado pelas crianças. Ele tem rodinhas na parte do calcanhar. É sempre possível ver uma criança rodando ao lado do pai que a puxa pela mão. Outros tênis piscam suas luzesinhas quando o pé se apóia. À noite, é quase mágico ver dois *flashes* piscando intermitentemente próximos do chão e chegando cada vez mais perto de você.

Mas os chinelos para homens são uma verdadeira instituição nacional. São inúmeros os professores e funcionários que, uma vez chegados à universidade, tirarão os sapatos e calçarão os seus chinelos para ir dar aulas, sendo que a quase totalidade deles estará usando meias brancas (suponho que tragam de casa um par de meias brancas, pois ao voltarem a calçar seus sapatos estarão usando meias escuras). Observe-se que este é um hábito, uma liberdade, quase uma prerrogativa dos homens, pois são raras as mulheres que fazem isso no espaço do trabalho. Esses chinelos masculinos são habitualmente de três tipos. O primeiro é o clássico chinelo de papai para ir dormir do Brasil, de couro, faixas atravessadas no peito do pé, marrom. O segundo é uma chinelinha de pano (xadrez, com listas, pequenas flores...), sem salto, que nunca um homem usaria no Brasil. O terceiro é o mais inesperado. Trata-se mais de uma sandália, talvez. É muito semelhante a um sapato feminino que se usou nos anos 70 no Brasil, conhecido pelo nome de "anabela". É fechado na frente e tem a sola inteiriça e branca, que se conclui num pequeno salto de uns dois centímetros de altura. Contudo, o que realmente chama atenção é que essa sandália é sempre muito menor do que o pé, ficando portanto metade do calcanhar para fora, o que me parece bastante desconfortável. É mesmo muito difícil se acostumar a ver um homem vestido de terno e gravata e com um chinelo "anabela"...

Há ainda outro hábito masculino pertencente a certos segmentos profissionais que é muito curioso. Geralmente, os homens que estão dentro de pequenos caminhões estarão usando na cabeça uma toalha de rosto branca amarrada na parte de trás da cabeça, acima da nuca. Algo semelhante ao que Cazuza passou a usar nos seus últimos tempos. Outro elemento deveras curioso e para mim incompreensível é a roupa usada principalmente pelos operários da construção civil. Mais especificamente as calças. Difícil explicá-las: as pernas vão se alargando muito, calças boca-de-sino, como eram chamadas antigamente, mas com bocas ainda mais largas. O inesperado, porém, é que na bainha dessas enormes bocas existem elásticos ou cadarços para que sejam amarradas rente à perna, no tornozelo. Resulta daí que os homens passam andando com as pernas meio abertas com suas calças larguíssimas mas atadas de forma justa ao tornozelo, algo que parece completamente desconfortável e inadequado para as atividades de construção. Já perguntei a algumas pessoas o porquê de elas terem essa modelagem, mas ninguém conseguiu me esclarecer.

Aspecto também inesperado do modo como os homens se vestem é o fato de que, mesmo num dia de calor estúpido (e o verão de Tóquio pode ser pior que o do Rio de Janeiro), eles estarão usando camisa de manga curta com camiseta de malha por baixo. Alguma regra de asseio ou pudor? É também pouco provável encontrar um homem vestindo cuecas do tipo "sunga". Ele sempre estará usando um cuecão que vai quase até os joelhos. Como também é quase impossível encontrar mesmo um jovem sem camisa, ainda que seja num campo de futebol batendo uma pelada num dia de calor brutal. Claro, é até desnecessário dizer que um homem adulto em tempo algum foi, é ou será visto sem camisa por aqui, exceções só no sumô, num ringue de luta livre ou na praia.

Praia! Termino à beira-mar. Os biquínis de uma japonesa dão para fazer um sobretudo para uma garota de Ipanema, com a licença de poder exagerar. Os *shorts* dos rapazes concorrem com este padrão. É óbvio que japoneses vão para a praia vestidos dos pés à cabeça e só tiram a roupa lá, meio tímidos. Proponho que o poema "erro de português", de Oswald de Andrade, seja traduzido aqui como "erro de japonês".

Fuchu-shi, 14 de junho do ano 29/30.

O velho moderno Midas

Tudo o que o capitalismo toca vira mercadoria.
MARX

UM DOS ASPECTOS que mais me impressionam em Tóquio é o funcionamento de seu tentacular mercado de consumo. Bem diverso do brasileiro, aqui o mercado possui uma auto-regulação praticamente absoluta, alimentada inclusive pelas estações do ano tão definidas. Mas qualquer oscilação, mesmo que diária, do clima produz efeitos de oferta e demanda.

A primeira coisa que me chamou atenção pouco depois que cheguei aqui foi precisamente isto: variações climáticas levam a mudanças rápidas e nada sutis das mercadorias à venda. Muito mais que os mineiros, japoneses, sim, agem em absoluto silêncio. Digamos que o dia amanheça sob um sol tórrido. A cooperativa da universidade estará ostentando logo na porta inúmeros ventiladores (ligados e apontados em sua direção para que você seja atingido liricamente pelo vento logo que ultrapasse a porta automática), prospectos de ar-condicionado, leques de todos os tipos e tamanhos para homens e mulheres, sorvetes e picolés, lenços de papel, toalhas refrescantes etc. Mas se ao meio-dia começar a chover, do nada surgirá no mesmo lugar uma coleção de guarda-chuvas, sombrinhas, chapéus, bonés, capas impermeáveis e galochas.

Os consumidores compram desesperadamente (não há mesmo esperança). E ainda reclamam, pois há dez anos podiam consumir mais. Como o mercado funciona inclusive durante os sábados e domingos, o fim de semana é o momento para ir às lojas, principalmente de departamentos. Elas são enormes, com vários andares, oferecendo virtualmente qualquer produto. É uma prática cotidiana e comum aos diferentes grupos sociais passar todo o domingo fazendo compras. As pessoas nos trens mal conseguem andar carregando uma quantidade enorme de sacolas. Se pergunto aos meus alunos o que farão no fim de semana, invariavelmente mais da metade dirá que vai fazer compras, isso em todos os sábados e domingos. São consumidores tão compulsivos que são capazes de me dizer que viajarão nas férias para países da Ásia precisamente para fazer compras. Bugigangas, badulaques, quinquilharias. E como são poupadores ao mesmo tempo, são capazes de cruzar toda Tóquio inteira nos trens atrás de preços um pouquinho mais em conta, ou ir a outros países asiáticos para adquirir bens produzidos com tecnologia japonesa e mão-de-obra barata. Afinal, o salário mensal de um chinês pode valer apenas mil ienes (oito dólares)!... A idéia da poupança chega mesmo às raias do absurdo. É incrível notar o esforço de um japonês para economizar, digamos, cem ienes, se ele for comprar um CD ou um livro. Aqui os consumidores potenciais são disputados a murros e eles não deixam por menos, correspondendo disciplinadamente a esses impulsos emanados do comércio.

Em setembro de 2001, os dias estavam já bem frios e eu precisava de luvas. Comecei uma procura insana por um par de luvas por todos os lugares cabíveis. Nunca as encontrava. Passei então a perguntar para os vendedores, pois elas poderiam estar disponíveis no estoque. Nada disso. Invariavelmente eles me respondiam: "só no dia 1º de outubro". Fiquei intrigado com a resposta. Mas eles estavam certos: no dia fadado, Tóquio inteira se coalhou de luvas, mesmo as farmácias e os supermercados ofereciam na porta centenas de luvas de todos os tipos de materiais, cores e tamanhos, além de gorros e meias de lã e cachecóis. Mas, passado o inverno, tudo isso simplesmente desapareceu e agora praticamente não é possível adquirir esse tipo de mercadoria.

Num país sem espaço, a lógica do capital chega ao ápice do paroxismo e da crueldade. Uma semana antes de acabar qualquer estação, todas as mercadorias são vendidas a preço de banana, às vezes por 30% do valor. Nas semanas anteriores ao fim das estações, podemos encontrar centenas, milhares de japoneses, organizadíssimos em suas filas, nas portas das lojas de departamentos, uma ou duas horas antes de elas abrirem. Quando afinal as portas são suspensas, é como o estouro de uma boiada. Como é impossível tudo ser vendido, pois a superprodução é a velha regra, a mercadoria sobrante é queimada, incinerada ou transformada, pois não há como estocá-la, custa mais caro. Isso vale também para outras mercadorias que não se regulam de forma tão marcada pelas estações do ano. Livros, por exemplo. Se não são vendidos satisfatoriamente após o lançamento, em poucos meses eles serão destruídos, virando polpa de papel para fazer outros livros.

A propaganda maciça obedece religiosamente às mudanças das estações. Penso aqui nos *outdoors*, cartazes, filipetas, telões, letreiros luminosos, *folders* etc. Há um fato singular em Tóquio: praticamente não existem pichações; pois nem haveria espaço para elas, já que as placas dos estabelecimentos comerciais e as multidões de reclamos ocupam todo o espaço da visão. Quando digo "todo", estou me referindo ao fato de que, em Shinjuku por exemplo, as fachadas dos prédios são cobertas de cima a baixo por propagandas luminosas, muitas vezes, inclusive, sobre os vidros das janelas. Trata-se de uma massa tão compacta de propagandas que mesmo um japonês custará a localizar a placa do lugar aonde quer ir.

E grande parte desse universo de chamarizes é substituída a cada estação do ano. Se entramos no verão, os vagões dos trens, que normalmente possuem, cada um deles, mais de cem anúncios em papel e por vezes mais de vinte pequenas TVs, estarão abarrotados de ofertas de refrigerantes, cervejas, águas minerais, cafés gelados e sucos, cremes e protetores solares, aparelhos de ar-condicionado, ventiladores, estâncias de água mineral, biquínis e maiôs, piscinas, praias e excursões ao campo. Se estamos no inverno, haverá pingüins, ursos (pandas ou não) e focas polares por todos os quadrantes, o onipresente Fuji nevado, além de anúncios de casacos, jaquetas, cobertores, viagens para esquiar, bebidas quentes ou aparelhos de aquecimento. Na primavera, flores, flores, flores. No outono, folhas amarelas e vermelhas despencando bucolicamente.

É notável também que qualquer atividade cultural possa gerar inumeráveis produtos para venda. Uma exposição de artes plásticas, por exemplo. Digamos, uma realmente grande exposição de quadros, desenhos e esculturas de Miró. Obviamente haverá um catálogo principal sendo vendido, que reproduz na íntegra a exposição em pauta, além de incontáveis outros catálogos e livros sobre Miró e em diversas línguas. Claro que isso não é tudo: haverá centenas e centenas de outros objetos Miró disponíveis: gravuras originais, cartazes, reproduções de telas (geralmente apresentando cópias de algumas telas em vários tamanhos), esculturas miniaturizadas, cartões-postais de muitos dos objetos expostos, folhinhas (calendários), agendas, blocos de diversos tipos, cadernos, lápis, porta-lápis, borrachas, réguas, canetas, estojos, pratos rasos e fundos, travessas, potinhos, guardanapos, panos de prato, xícaras, pires, colheres, garfos, facas, copos, apoio para copos e pratos, taças, aventais, toalhas de mesa, bandejas, guarda-chuvas, blusas, camisas, camisetas, calças, bermudas, capas, chapéus, bonés, gravatas, "jóias" em geral (pulseiras, colares, anéis, brincos, prendedores de gravatas, broches), relógios, óculos, porta-retratos, cigarreiras, cinzeiros, caixinhas, caixas, caixonas, porta-jóias, baralhos, álbuns para fotografia, lenços de bolso e para o cabelo, leques, chaveiros, carteiras, porta-níqueis, bolsas, pastas, mochilas, adesivos, CD-ROMs, chocolates e biscoitos!, *buttons* etc. etc. etc. Miró Miró Miró Miró. Aceita uma bolacha Miró...? Meu estômago dá voltas ao ver um desenho incrível de Miró destruído ao servir como estampa para uma sombrinha de praia. E, detalhe: é quase impossível chegar ao balcão de venda, pois ele estará cercado por camadas e camadas de japoneses comprando com frenesi indisfarçável, salivando, possuindo essa miríade de teratologias, de sucatas intactas, novinhas em folha. Eis aí a subversão total e creio que irreversível do conceito de ruína.

Curiosa, ainda, é a movimentação do comércio para as festas do final do ano. Aqui não existem praticamente as comemorações de Natal, já que o Japão não é um país cristão. Isto não impede, contudo, que a lógica do capital se imponha com sua costumeira força constrangedora e acachapante. Os enfeites de Natal, portanto, invadem todos os espaços, e isso muito antes do calendário ocidental, pois aqui, no princípio de novembro (ou ainda antes?!), todos os espaços já estão decorados. Além de ser pasmante entrar numa loja de departamentos e ouvir o tempo todo as mais estúpidas músicas de Natal, típicas dos anos 60 — e que nos lembram de imediato a idiotice tão peculiar dos norte-americanos —, é um efeito surrealista perfeito encontrarmos Papais Noéis e renas espalhados por qualquer canto, somados às indefectíveis guirlandas nova-iorquinas de pequenas lâmpadas (a praga já é quase mundial) envolvendo pobres árvores quase eletrocutadas, gramados e fachadas de edifícios.

Há algum tempo, passando diante de uma casa, notei na varanda algo que merece ser mencionado: duas renas de tamanho quase natural feitas apenas com delicados fios constituídos de centenas de minúsculas lâmpadas coloridas e piscantes. E, detalhe: a cabeça de uma delas ficava se movendo de um lado para o outro... Outro espécime obtuso com que me deparei outro dia foi um Papai Noel com cerca de dois palmos de altura e vestido com uma mistura de sua roupa clássica e a de, talvez, um tirolês ou um gaitista de fole. Sim, camisa xadrezinha de vermelho e verde. Mas isso não era o importante. O inusitado mesmo é que ele tinha as duas mãos nas cadeiras e, com a música que saía da base, ficava requebrando feito um doido, balançando suas largas e finas calças. Que gingado, mulatas! Encontrei também no ano passado um objeto de rara estirpe: uma árvore-de-natal com grandes olhos entre a ramada e uma enorme boca falante embaixo, que passava a se comunicar com o passante que cruzasse seu caminho e acionasse suas imperceptíveis células fotoelétricas.

Mas todo este piramidal esforço decorativo simplesmente desaparece no dia 26 de dezembro, substituído por, aí sim, um babilônico empreendimento de adornos para as comemorações da passagem do ano, na qual os japoneses apostam tudo. É realmente admirável o "desperdício" capitalista à caça de consumidores incautos. E como que por um novo passe de mágica, no dia primeiro de janeiro não se verá nem mais um vestígio de toda esta parafernália.

Quando sobrevirá um terremoto, um maremoto, um tufão ou um vulcão que soterre e varra e engula tudo e tudo isto?

Fuchu-shi, 14 de julho do ano 21.

Pós-Escrito

A movimentação de natal deste ano (2003) é tão frenética quanto à dos anteriores. O incomensurável número de consumidores faz com que lojas, galerias, ruas, *shoppings*, estações de trens e metrôs, bem como os próprios vagões, vivam todo o tempo o fenômeno do engarrafamento humano. Naturalmente, tudo acompanhado de um verdadeiro alude de enfeites e objetos de decoração natalinos, afora o repertório clássico norte-americano e europeu de músicas de Natal. E nisso os japoneses se esmeram. Desde o mais lírico e delicado objeto ao grotesco e derrisório. Não há, simplesmente, vocabulário descritivo capaz de se apropriar deles e traduzi-los numa imagem clara. E são centenas. Tentarei, contudo, fazer o relato de quatro "coisas" ou "eventos" com os quais me deparei nos últimos dias. Duas árvores-de-natal, um casal de cães e um som.

1. A primeira árvore é simplesinha. Encontrei-a num restaurante em cima do balcão, dentro de uma caixa de vidro. Algo com sessenta centímetros de altura e base de quarenta por quarenta. A árvore, toda feita com fibra ótica, cujas microscópicas pontas acendiam numa pletora de cores cambiantes. Até aí tudo bem, no Brasil também há esta atrocidade. Mas o inesperado é que um jato de minúsculas bolinhas de isopor era lançado sutilmente da ponta da árvore para a placa de vidro superior, quando então elas caíam, nevando, sobre o todo da instalação. As bolinhas excedentes caíam na base-sorvedouro para reiniciarem seu caminho.

2. Saio de uma estação de trem e passa por mim um senhor distinto, com mais de sessenta anos, empurrando um carrinho de bebê. Dentro, dois cãezinhos, daquela espécie com cara enrugadíssima, circunspectos, compenetrados, cientes, em suma, de sua performance, vestidos de Papai Noel. As pessoas deliravam.

3. Entrando em outra estação de trem, deparei-me com uma árvore muito curiosa. Na ponta, em vez da estrela habitual, um chapéu de Papai Noel. Pouco abaixo, dois olhos redondos, óculos, nariz, boca e duas bochechas a princípio brancas. Dos lados, dois braços rechonchudos, brancos, terminando em luvas. Nada espantoso ainda. Súbito, o funcionamento intermitente revela toda a potência da máquina. A árvore começa a requebrar na sua frente feito uma nega maluca, os braços suspendendo e abaixando, as bochechas piscando vermelhas. E, para completar, a barra farfalhante da árvore faz semicírculos para os dois lados num movimento muito semelhante ao de uma baiana da Sapucaí. Breve pausa; recomeça.

4. Em qualquer lugar mesmo em que você esteja, estará tocando o repertório de músicas de Natal. Principalmente, a ubíqua *Jingle bells, Jingle bells, Jingle all the way*. Isto vinte e quatro horas por dia (corrigindo: durante todo o tempo do expediente). Entrei num *shopping* e, claro, tocava *Jingle bells*. Mas era extremamente original

a gravação, em que se manifestava toda a, com razão, brincadeira dos japoneses relativa à música ocidental? (Ou esta gravação teria sido produzida no próprio Ocidente, sempre cômico?) Sintetizada eletronicamente, a música não tinha voz humana, mas era entoada com latidos em tons afinadíssimos.

20 de dezembro do ano 15 de Heisei.

Na aurora da vida deles

Oh! que saudades que tenho
Da aurora da minha vida,
Da minha infância querida
Que os anos não trazem mais!
    CASIMIRO DE ABREU,
    "Meus oito anos"

COMEÇO COM OPINIÕES insuspeitas, exatamente para tentar minimizar a carga de subjetividade que pode pôr tudo a perder numa situação como esta.

Logo que cheguei aqui, uma das primeiras coisas que um amigo japonês me relatou foi uma pequena história, para ele ainda válida, que se passou ao final da Segunda Guerra Mundial. Quando os norte-americanos tomaram o Japão, o general MacCarthy declarou, em alto e bom som, que a média de idade dos japoneses era de doze anos. Surpreendi-me com isso e, logo a seguir, um parecer semelhante foi exarado por outro nativo, ao dizer-me que os alunos eram completamente infantis, que eu não deveria me espantar, pois se comportavam como crianças. É de se anotar, aqui, que percepções e juízos como esses que emitiram certamente só lhes são facultados na exata medida em que viveram e estudaram durante alguns anos em países do Ocidente. A partir dessas observações, passei a prestar muita atenção no comportamento dos japoneses e pude confirmar na íntegra, nas circunstâncias as mais variadas, a afirmação.

Freqüento uma farmácia aqui perto de casa. O surpreendente é que ela é toda decorada com bichinhos de pelúcia. Entre os sabonetes, uma coruja com óculos, na seção de xampus, um cachorrinho de bengala, e assim sucessivamente. Hoje me encontrei com um caminhão de lixo e nas laterais dele estavam pendurados inumeráveis bichinhos de pelúcia, o que tomei como a compactação de um oximoro com um pleonasmo.

Andando pelas ruas, nas portas da maioria das casas, podemos ver pequenos animaizinhos de plástico, borracha ou cerâmica enfeitando os portais: esquilos, ursinhos (panda, de preferência, pois japoneses os adoram), patos, sapos, cãezinhos, tartarugas, coelhos, corujas, todos bem pequenos e coloridos, aos montes, com suas expressões infantis de conto de fada. Na casa aqui em frente, não satisfeitos com dois ou três coelhos perto do capacho, os vizinhos também se encarregaram de fixar no portão de entrada todos os sete anões, que ficam meio pendurados com suas expressões sorridentes.

Há bichinhos e músicas infantis espalhados por todos os quadrantes do país. Se formos comprar postais, haverá farta presença deles nos cartões. Um ursinho de pelúcia de costas, um pequeno panda triste, numa estação de metrô ultramoderna, dando tchau para alguém que parte; um pato de borracha bem amarelo, às margens de uma ponte transcontinental que existe em Tóquio, e assim por diante. O que interessa é misturar, nos cartões, paisagens reais com bichos de pelúcia, de plástico ou de borracha, criando uma situação, digamos, de realismo-de-fadas. Nos supermercados, nas lojas, nos trens, a mesma coisa, enfeites infantis espalhados por todos os lados e pequenas canções de criança para amenizar o *stress* geral. A coisa é tão expletiva, tão redundante, que quase perde o sentido o Japão ter uma réplica da (que eles se gabam que é ainda um pouquinho maior que a original) Disneylândia. Sobre isto, foi realmente inesquecível um dia em que eu estava em um trem e me cercaram quatro japoneses vestidos de terno preto (como disse, é o uniforme de qualquer japonês com mais de vinte anos de idade) e portando, como complemento simples, um chapéu com as orelhas de Mickey. Eles faziam propaganda, todos muito sérios (o que ampliava o paradoxo, pois japoneses em geral são sérios), da Disney daqui, distribuindo panfletos para atrair visitantes. Um deles usava óculos, produzindo um efeito todo especial.

O material escolar de meus alunos (e mesmo de alguns professores!) confirma a regra da infantilidade. Enquanto no Brasil qualquer adolescente de treze anos estará com cadernos em que nas capas modelos femininos e masculinos seminus aos beijos e abraços deslumbram os olhos da garotada, aqui, meus alunos com vinte anos ou mais continuam usando pequenos estojos ou bolsinhas de plástico expondo ostensivamente Patos Donalds, Minnies, Clarabelas ou mesmo outros heróis nacionais, de que falarei adiante. Nas capas dos cadernos, a mesma realidade. Outro dia, um deles esqueceu seu estojo escolar cravejado de Mickeys e Minnies. Peguei aquele estojo e o procurei no prédio, até que, encontrando-o, devolvi pronunciando apenas uma curta frase: "Você esqueceu o seu estojo Mickey-Minnie". Ele quase percebeu minha ironia (pois, como é óbvio nesse contexto, japoneses com muita dificuldade chegam a perceber alguma ironia).

Claro, as roupas com as quais meus alunos se vestem não diferem em nada de seus materiais escolares: muitos personagens de Disney em suas camisetas, nas costas dos casacos, nos bonés e nas pastas. Digamos que é a vitória integral do imaginário infantil norte-americano nesta ilha. Mas vitória não exatamente contra alguma coisa, entenda-se. O fato é que, somado ao universo Disney, existe o milionário imaginário japonês, com seus infinitos personagens fabulares, tendo começado tudo por certo com o vovô National Kid, hoje não mais que um emblema, uma citação entre tantas. Mesmo alguns adultos não escapam a esse padrão de vestimentas. Hoje encontrei um exemplar, sem dúvida raro, pois nunca tinha visto outro, que, com seu terno e gravata, ostentava um alfinete fincado na lapela, no qual se afixava uma corrente com alguns centímetros e, na sua ponta, um bichinho laqueado, digamos, um coelho talvez, vermelho, reluzindo, soltando faíscas de tão luminoso.

Fato único — pois não existe nada de semelhante em todo o planeta Terra — é o de os japoneses adultos serem obcecados por histórias em quadrinhos. Nos trens, é muito comum ver aqueles senhores de terno e gravata se deliciando com revistinhas que, no Brasil, as crianças abandonam para sempre exatamente quando fazem doze anos. São revistinhas repletas de personagens infantis vivendo périplos geralmente cósmicos de semiperigo, mas com garantia de final feliz, pois um japonês não suporta tragédia nem comédia, ele só quer o doce drama, com o bandido preso, a lei restabelecida, a mocinha e o mocinho a salvo e contentes e seguros numa galáxia qualquer.

Mas quem mais me tem munido de história, troféus ou provas criminais (na falta de uma outra expressão) é uma amiga brasileira que está aqui. Ela acaba de chegar do Rio de Janeiro para estudar japonês em minha universidade, falando, como qualquer brasileiro comum, dois palavrões pesados a cada três palavras. Logo que chegou, tratei de alertá-la para o problema da criancice generalizada. Ela, meio espantada, e como que plugando coisas que já começava a perceber, contou-me uma pequena história deliciosa: a de um professor japonês seu. Toda vez que ele quer estabelecer um diálogo imaginário na sala, ele desenha um pequeno ursinho no quadro, com quem passa a conversar animada e intimamente. Não satisfeito, nesta semana entregou um material escolar no qual, ao lado de seu nome, vem um ursinho bem infantil desenhado (eu já tenho cópia, claro!), que ele apresenta como seu alter ego. Dela também obtive uma fotocópia valiosa do papel que lhe entregaram quando foi fazer exame de saúde: num canto podemos ver dois coelhos tristes, tristes, doentinhos.

E outro dia, dentro de um trem, aconteceu-lhe algo que foi como um acinte a ela, tal a indignação com que me relatou o ocorrido. Tocou um telefone celular; tocou, tocou, até que um senhor de meia-idade ou mais, trajando terno e gravata, sacou-o de dentro de sua pasta. A ela não incomodou tanto o fato de que o telefone celular possuísse uma antena e que, na ponta da antena, piscasse freneticamente e com muito brilho uma pequena luz azul. Até aí tudo bem, é admissível, há gosto para tudo, mesmo no Brasil poderia acontecer algo assim. Mas o que realmente a insultou, quase a enfureceu, é que o telefone celular tinha um formato e uma cor: era um Piu-Piu amarelo. "Um Piu-Piu?!", ela exclamou agonizante. E chegou mesmo a olhar bem nos olhos do senhor de terno e gravata e dizer "Piu-Piu". Ao que ele respondeu com umas frases ininteligíveis, pois ele não estava para brincadeiras: aquilo era sério mesmo, não havia nada demais no fato de ele portar um celular Piu-Piu. É claro, ele devia estar se comunicando com algum Frajola existente com toda certeza em alguma parte não remota da superfície do Japão.

Evidentemente, esse celular Piu-Piu é um modelo arrojado, raro. Japoneses comuns não chegam a tais extremos, são bem mais discretos. Ontem, por exemplo, conheci um celular corriqueiro entre eles, pertencente a um aluno meu, quando estávamos na rua e a mochila dele passou a emitir um barulho sideral. Aqui, há décadas, quase todos os ruídos são cósmicos, estamos na terra de *Blade Runner*, como bem intuiu Ridley Scott. Bem, ele então vasculhou sua enorme e infinita mochila, até que sacou do interior o seu celular rosa-muito-bebê-mesmo, pois o rosa, esqueci de anotar, é a cor preferida dos japoneses. *Yes*, estamos no cerne de um império *pink*. Não há dúvida de que toda a família imperial só se veste com esta cor. E, pendendo de seu celular, por uma pequena corrente, uma linda cara de um gatinho de acrílico transparente outrossim rosa. Insisto, este não passa de um modelo usual.

A história, contudo, mais impagável também devo a minha amiga brasileira. Ela passou a observar, perto da casa dela, um prédio muito estranho. Na janela do prédio, uma coleção de ratinhos vestidos com uma roupa esquisita de super-herói. E na porta sempre um guarda vigiando. Ela pensou: "por certo, uma escola primária ou pré-escolar". Mas o estranho é que todo dia passando por ali nunca via nenhuma criança. E sempre o guarda na porta. Decidiu, evidentemente, tirar aquela história a limpo: arrumou uma japonesa que servisse de intérprete e foi *in loco* esclarecer de uma vez por todas sua inquietação. Dirigiram-se ao guarda da porta e ela perguntou, através da intérprete, o que eram aqueles ratinhos. Ao que ele respondeu, muito animado: "São as nossas mascotes!". "Como mascotes?", perguntou ela indignada, quase irada, pois ali se instalava uma crise de representação da lei e da masculinidade. Sim, são mesmo as mascotes da polícia, quer queiramos ou não, ali é um posto policial. Ele, muito feliz com a pergunta, pediu-lhe que esperasse, foi lá dentro e voltou com uma cartela de ratinhos adesivos, além de um chaveiro da polícia com o mesmo rato feito de borracha, que ofereceu a ela como gentil presente e lembrança da polícia. Esses ratinhos são tão conhecidos por aqui quanto qualquer Cinderela para as crianças do Ocidente. Eles se chamam Pipo-Kun e podem servir de mascotes para tudo. No caso da polícia, os Pipo-Kuns portam um pequeno cinto azul que os distinguem enquanto policiais e, na cabeça, um chapeuzinho também azul com uma ponta e uma pequena bola amarela na extremidade que irradia feixes luminosos, como podemos ver em um dos adesivos da cartela. Sim, porque eu já tenho minha cartela de adesivos, pois minha amiga, percebendo minha ansiedade, voltou à polícia, fingiu que tinha uma irmã menor que adorou os ratinhos e conseguiu, só para mim, outro exemplar da cartela.

Fuchu, 10 de novembro do ano 13.

Post-Scriptum

Na semana passada, visitei a casa de uma amiga que mora aqui e é casada com um japonês. Ela então, como boa brasileira — pois um japonês dificilmente faria isto —, nos levou (a mim e a um amigo) a visitar todos os cômodos da casa, indo até a água-furtada. Seu filho mais velho, de trinta anos, não estava e tinha deixado ordens expressas para que ela não nos mostrasse o seu quarto, pois, segundo ele, estava tudo desarrumado, o que evidentemente ela não obedeceu. E foi um pasmo! Quando entramos, o quarto estava completamente abarrotado de objetos, livros, fitas de vídeo, móveis etc. Em cima da estante, diversos bichinhos de pelúcia, indefectíveis ursos, mas também patos e outros seres que não pertencem ao zôo conhecido. Na parede, um Homem-Aranha de borracha pronto para o salto e já quase esguichando a sintética teia de seu pulso esquerdo. Numa prateleira da estante, outro Homem-Aranha em posição de "eu vou te atacar agora", intrépido. Nas paredes, folhinhas infantis e, em outros lugares, várias miniaturas de super-sub-heróis. Assombrado diante de tal insólito, perguntei ao meu amigo se no quarto dele também havia bichinhos de pelúcia. Ele apenas riu muito, disse que não e completou que ele não se espantava, pois era só considerar os livros que estavam nas prateleiras para ter-se idéia do de seu habitante. Infelizmente, não leio japonês e não pude pescar esses conteúdos que estavam ali semioticamente boiando. Mas não me passaram despercebidas as pilhas de "mangás" (histórias em quadrinho japonesas) e a coleção de cerca de cem vídeos de desenhos animados.

16 de dezembro do ano 14.

ADYNATA

então verás leões com pés de pato,
verás voarem tigres e camelos,
verás parirem homens e nadarem
os roliços penedos sobre as ondas.

TOMÁS ANTÔNIO GONZAGA

CREIO QUE HOJE ENCONTREI o objeto mais inopinado de todo o cosmo. Ele faria inveja a Virgílio. Como é mesmo aquela figura de retórica, Fábio? Ah!, sim, muito obrigado!: impossibilia, ou adynata. Mas o Japão está aí para provar que o inexistente não existe. Basta lembrar que aqui já há melancias quadradas, o primeiro e decisivo passo para as laranjas-cones, as bananas-prismas, os abacaxis-tetraedros.

Estava eu entrando no posto central dos correios de Fuchu quando um grande aquário em cima do balcão de atendimento me chamou atenção. Enquanto esperava sentado minha hora de ser atendido, fiquei olhando fixamente para aquele lindo aquário onde peixes fenomenais e raros passeavam lentos e majestáticos. A cena era esplêndida com sua imagem perfeita, bolhas infalíveis, o pequeno rochedo para corais, o resto de um galeão no lodo (Chico Buarque), enfim, o esperado, mas com alta definição. Meu primeiro estranhamento era o fato de peixes tão especiais estarem no balcão de um correio, pois a manutenção dos mesmos é sem dúvida custosa. Além disso, curiosa e intermitentemente os peixes sempre faziam o mesmo movimento, o que me pareceu incompreensível. Fiquei intrigado e aproximei-me então do aquário para ver o que estava acontecendo.

Surprise! A caixa externa era realmente um aquário. Dentro, um aparelho de TV onde a cena aquática se repetia. E entre o aparelho de TV e a placa frontal de vidro do aquário, água, bastante água. Claro que a água não entrava em contato direto com a tela da TV, pois diante dela havia uma outra placa de vidro, digamos, a dois centímetros de distância da placa de vidro frontal do aquário. Nas laterais da base, minúsculos furos de onde saíam as bolhas que subiam por este nicho aquoso e agitavam a superfície em pequenas vagas que tornavam tudo espontâneo, autêntico.

Como lamentei não estar com algum amigo japonês que falasse minha língua e pudesse me explicar, por exemplo, a função dos dois botões que ficavam na parte superior esquerda da larga esquadria do aquário. E como ele era tampado em cima com uma base de madeira (para os peixes não fugirem), queria também saber o que era o pequeno aparelho digital no centro da base que ficava emitindo mais e mais mensagens em chinês pré-arcaico. É fundamental conseguir levar um japonês lá e decodificar tudo, pois um evento de tal porte não pode passar batido. Isso não vai ficar assim!

A coisa poderia se conter apenas nisso, que já é tudo ou pelo menos muitíssimo. No entanto, de alguns em alguns minutos, esse Odradek fixo altera sua programação eletrônica: em lugar da bucólica cena aquátil, anúncios vendendo produtos variados. E é nesse e somente nesse exato instante em que um anúncio começa, que as bolhas cessam, pois seria inverossímil, como retoricamente sabemos, sua presença nesta nova circunstância. Tudo tem sua hora e sua vez, diz o ditado popular. Reiniciada a écloga piscatória, a água volta a se agitar.

17 de dezembro do ano 14.

Para não dizerem que não falei de política

> *O homem é um animal.*
> PSEUDO-CONFÚCIO

POUCO TEMPO DEPOIS que aterrissei neste arquipélago, Junichiro Koizumi tornou-se primeiro-ministro. Lembro-me da intensa euforia que tomou conta de muitos japoneses nos momentos que antecederam as eleições e nas semanas seguintes ao resultado, tanto mais pela performance midiática de Koizumi, que aprendeu com os novos políticos ocidentais a manipular os sistemas de informação de massa, comportar-se como um ator charmoso diante das câmeras e construir um estilo de aparição pública minimamente espetacular. Dir-se-ia que, com sua chegada ao poderoso cargo, o Japão se sentia novamente animado a superar os problemas estruturais de sua economia — que já se arrastam por quase dez anos: estagnação da produção, desemprego galopante, queda da taxa de consumo, aumento do número dos sem-teto e descrença generalizada na possibilidade de reversão a curto prazo desse quadro.

Claro que não pretendia escrever sobre um assunto que, no fundo, considero exterior aos meus interesses. Mas não foi possível me furtar a uma vaga tão monumental quanto Koizumi, pois ela chegou a afetar molecularmente a estrutura mental desta sociedade em todas as suas camadas sociais. Na verdade, houve um fato detonador deste texto: uma conversa que tive com alguns alunos durante um almoço na universidade. Em quase todas as semanas do ano passado eu almocei com alguns deles, do primeiro ano universitário, e com muitos dicionários e mímica nós conseguíamos nos comunicar. Num desses almoços, eles me perguntaram o que eu achava do primeiro-ministro. Não pude ocultar-lhes o meu completo horror por um tipo de discurso político bem próximo do nacionalismo xenófobo, a um passo de um *revival* do fascismo, que pode calar bem fundo na alma de um povo que, de algum modo, está sempre disposto a lutar com a China ou a Coréia do Norte, os monstros permanentes do imaginário acerca de quais são os reais ou fictícios grandes inimigos do Japão.

É algo surpreendente que os japoneses consigam experienciar, simultaneamente, os complexos de superioridade e inferioridade, coisa que, por exemplo, se exterioriza em cada gesto de aparente submissão que eles assumem ao cumprimentar alguém. Pois nesta submissão estão involucrados dois sentidos praticamente opostos: o admirável princípio budista de que a vida é passageira e insignificante, mas também um engenhoso estilo de desdém ou altivez, além da grande potência da traição. O complexo de inferioridade é marcante, em primeiríssimo lugar, em relação a tudo o que se refere ao Ocidente, em particular aos Estados Unidos, mas também a toda cultura gerada no Velho Continente. Isso é um pouco ridículo. A hegemonia ocidental está em todos os quadrantes, há japonesas em qualquer esquina vestidas como francesas comuns. Essa inferioridade também pode estar dada na incapacidade japonesa de criar, de modo autônomo, novas modalidades de vida ou de objetos de consumo, sabendo apenas repetir ou miniaturizar o já consabido no Ocidente. Em contrapartida, a arrogância de sua superioridade não deixa por menos, explicitada no fato de que se tornaram, em bem pouco tempo, uma grande potência econômica do mundo. Evidentemente, isto nunca é pensado por um japonês nos quadros em que na efetividade veio a ser tornar possível, ou seja, a partir de um maciço investimento, particularmente norte-americano, após a Segunda Guerra Mundial, cujo objetivo último era ter um aliado no Oriente capaz de se contrapor às ameaças comunistas russa e chinesa. Para os japoneses, é mais simples pensar que seu grande desenvolvimento é mérito devido à sua própria civilização. Afinal, isso conforta a alma e apazigua as carências de reconhecimento. É dessa hegemonia que eles retiram a força para seu neocolonialismo ante grande parte da Ásia, escravizando povos ao seu redor.

Claro que não disse nada disso para meus alunos, eles ficariam chocados, com toda certeza. Até porque, pelo que já pude perceber após quase dois anos aqui, a maioria dos alunos da universidade em que estou primam pelo conformismo político e moral, são na maior parte apáticos e pouco criativos. Numa cultura samurai da obediência, do dever incondicional para com um daimiô, por séculos e séculos arquitetada, eu não poderia esperar muita coisa. Daí que as noções de direito, de debate e de discordância praticamente inexistem. Digamos que um japonês retira grande gozo do ato de obedecer.

Meus alunos se contrapuseram com veemência ao meu entendimento de que pouco ou quase nada mudaria com Koizumi no poder, que a economia não voltaria ao período que eles chamam de "bolha" (os apoteóticos anos 80). Manifestaram sua irritação e, consultando o dicionário, chegaram a pedaços de frases como "grande homem", "vai salvar o país", "muito inteligente" *et cetera*. Preferi me calar, seria inútil discutir, mesmo porque eles não entenderiam as palavras que precisaria usar em meus argumentos. Também porque achei melhor esperar a passagem dos meses para confirmar o óbvio: que pouca coisa realmente substancial mudou até agora, um ano e meio depois desse almoço.

Mas me levantei da mesa com um objetivo claro. Queria perguntar para os alunos universitários do curso de português sobre suas posições políticas. Somente no início deste ano pude implementar isso e, aqui, apresento os resultados. Solicitei a alguns poucos alunos que escrevessem uma redação comentando o que eles pensam do primeiro-ministro. Escolhi três alunos do segundo ano; um aluno do terceiro; um do quarto e um da pós-graduação. Seria impossível solicitar aos alunos do primeiro ano um texto assim complexo, já que eles ainda não conseguem escrever fluentemente em português.

Evidentemente, os textos que apresento não representam a média, nem, tampouco, são exceções. Ou melhor, é difícil analisar a representatividade deles, pois não segui nenhum processo rigorosamente metódico (aleatório ou outro) para a seleção dos alunos. Escolhi esses porque ou são mais próximos de mim, ou têm condições de se expressar um pouco melhor em português. As respostas seguintes dão, portanto, alguma noção do tipo de consciência política deles, bem como da capacidade de redigirem em outra língua. Nesse sentido, são surpreendentes os textos dos alunos do segundo ano, pois note-se que eles estudaram português apenas um ano, cerca de oito meses na realidade, e já conseguem escrever. O primeiro não fez um texto muito bom, o segundo é um pouco melhor, o terceiro é mais interessante. Faço transcrição paleográfica translinear, respeitando *ipsis litteris* o que me entregaram. Vamos ao primeiro aluno do segundo ano:

> "O primeiro ministro Junichiro Koizumi
> fiquei esta posição um ano antes. Os
> primeiros ministros antes dele não
> tive o apoio suficientemente. Mas ele
> tive o apoio da maioria. Acho que a
> ministra chancelaria que ele adoptou Makiko Tanaka
> contribuiu para ter o apoio. Ela gozou
> popularidade antes que ela ficou a ministra.
> Ele sempre fala claramente e o
> ato dele é sempre firme.
> Mas recentemente, com uma poucas problemas, o
> taxa de apoio dele abaixa. Agora,
> nos povos temos que estimar ele
> firmemente".

Será que ele propõe tal subserviência incondicional porque está escrevendo para mim? De qualquer modo, em sua opinião, o primeiro-ministro fala sempre com clareza e tem atitudes firmes, valores bem altos para a sociedade japonesa. O segundo aluno:

> "Para dizer a verdade, eu não tenho interesse pela política. Acho
> que pouco jovem japonês lêem jornais e assistem notícias na TV.

Por isso falando francamente, mesmo que qual político seja o primeiro
ministro japonês, não tem nenhuma diferença. Mas eu sei um pouco sobre ele por
que sou japonês.

O nome dele é Junichiro Koizumi e se graduou a universidade
de renome. De imediatamente depois que ele ficou o primeiro ministro
ele tinha o apoio da maioria, por que ele frequentemente se apresentou
na TV e deu entrevistas e povo japonês tinha a boa
impressão dele. Mas ele não é o artista, é político quem deve
trabalhar para o Japão e japonês. Em todo o caso, desejo que
ele tinha a mais política como o primeiro ministro".

Curiosa a observação dele sobre as relações entre o político e o artista. Além disso, aborda uma questão central: tal como ele, os jovens japoneses não se interessam por política, não lêem jornais, não vêem televisão, talvez porque intuitivamente saibam que pouca coisa ou nada irá mudar. A observação é muito justa porque não me lembro de ter observado, uma única vez que seja, um japonês jovem lendo jornais. O terceiro:

"Sobre nosso primeiro ministro

O primeiro ministro do Japão é Junishiro
Koizumi e ele há sido por um ano. Quando ele
foi escolhido como o primeiro ministro, aconteceu
'Koizumi fever' que ele se tornou 'o estrelha' no
Japão. Quase 90% de povos criam que ele iria
reformar o sistema de política, que estava
estragado. Mas o apoio dele está caindo e
caindo, porque o povo acham que nada foi
reformada.
Mas minha opinião é diferente. Acho que reformar
o sistema de um país não é tão fácil e leva muito
tempo. O premiê também tem vontade de reformar
o sistema dos políticos 'antigos'. Quem pode mudar
o sistema e um ano só?? O povo está perdendo
a paciência. Penso que a reformação leva mais 3
anos. O povo tem que dar mais tempo para ele
e também reformar seu pensamento".

A resposta é muito interessante, tocando na mesma
tecla do político midiático. Por outro lado, esse aluno
percebe que reformas de um país não se fazem da noite
para o dia, mesmo que incorra na ingenuidade de supor
que a mudança se completará em três anos. Agora, um
aluno do terceiro ano:

"A minha opinião

Há pouco mais dum ano que apareceu
na nossa frente, Junichirou Koizumi,
como 'o verdadeiro salvador'. Acredito
que, embora não sejam transmitidos
os seus sucessos em relação a problemas
políticas, que tinham indiscutivelmente
reinado no mundo político do país
nascente, graças a ele, vai gradualmente
mudando a situação do antigo regime.
Porém, por outro lado, já sei que
se tem dito que precisa dos outros
políticos para a melhor situação dos
nossos, visto que não se vêem
os bons resultados.

Então, quem será a melhor pessoa,
ou o partido político que, de maneira
a fazer-nos ter a verdadeira confiança
em nós próprios, muda a situação?
O partido comunista? Nem penses!
Historicamente, ele mundialmente
acabou por não conseguir dar às
pessoas a Felicidade e Paz,
com a teoria demasiado razoável
e magnífica, desejando sempre
não se virar à realidade, fazer
castelos no ar...

Portanto, só é que é ele
que pode ser um salvador,
ao menos para já, acho.
E para a reformação completa,
note-se, precisa de algum
tempo e paciência. Em 5
ou 7 anos realizar-se-á a
prosperidade!

Eu apostarei nele e
ficarei a olhar para a política
japonesa, com esperança do
nosso vindouro brilhante!"

Como se vê, anticomunismo não é apanágio das democracias e ditaduras ocidentais. Neste relato, amplia-se o número de anos para o "verdadeiro salvador" reorganizar o país. Agora, um aluno que está no quarto ano. O texto vai sem nenhum acento, pois foi-me transmitido por *e-mail*:

"Acho que eu tenho que responder sua questao agora.
Falando honestamente, eu
nunca senti que o que acontece na politica tem alguma grande influencia na
minha vida e nunca pensei seriamente o que eh politica.
Nestes duas

semanas eu lia jornais e via programas sobre politica na televisao, mas nao posso
ver claramete que influencia eu tenho do que o Koizumi estah tentando fazer
em suas politicas. Claramente isto eh porque eu nao prestava nenhuma
atencao para politica hah muito tempo. De fato eu pensava que a politica eh
alguma coisa que fica muito longe de mim.

[Uma amiga] me falou antes que os jovens japoneses nao sao tao amadurecedos e
eu tenho que admito isso quando eu considero sobre mim mesmo. No meu proprio
caso, eu tive muitos oportunidades de pensar sobre alguma coisa quando eu encontrei
com os jovens estrangeiros que tem quase mesma idade. Eh muito
choque quando eu descobri que o estudante de mesma idade ou menos anos tem
sua opiniao forte e estah mais amadrecedo do que eu. Eu sinto pequeno nao
soh no aspecto de fisica mas tamvem no aspeto de mentalidade.

Entao eu nao posso escrever o que eu acho sobre Koizumi agora. Desculpe".

Acho este relato pungente. Incrível a manifestação consciente de sua ignorância. Notável, ainda, quanto um aluno japonês pode ser aplicado diante de uma solicitação que lhe seja feita: este passou duas semanas consultando jornais e vendo televisão para poder responder à minha pergunta, ainda que não tenha conseguido estabelecer relações claras entre o que acontece no mundo da política e a sua vida...

Agora, o último, um aluno da pós-graduação. Ele também me mandou sua resposta por *e-mail*. Portanto, sem acentos:

"Do comeco eu nao tenho acreditado na popularidade do primeiro ministro Koizumi. Aquela popularidade era canalizada pelas medias do Japao, e claro. Mas infelizmente os maiores que sao analfabetos politicos nao podem penetrar isto. A popularidade do Koizumi e baseada so nestas pessoas e representa a situacao va politicamente no Japao.

'Sem a reformacao da estrutura, nao tem a restauracao da economia', esta frase famosa dele nunca e errada em geral. Mas ele ainda nao consegue ambas as coisas. E ele nao as conseguira. Estes trabalhos sao alem da habilidade dele.

Koizumu nao tem a base forte dentro da partida liberal-democrata. A gabinete dele e construida sobre o equilibrio das diversas forcas. Se ele adiantar a reformacao da estrutura, sem duvida algumas antagonistas vao aparecer. Ele nao pode as ignorar e ao final tem que transigir com elas. Ele nao pode fazer nenhuma reformacao fundamental, e logico.

E a depressao do Japao e muito radical. O consumo individual nao se restaura porque muita gente tem preocupacao com o futuro do Japao. O investimento das empresas nao se aumenta porque nao pode achar alguns lugares encantados para investir. Parece-me que japoneses quase esgotam seus talentos para inventar novas tecnologias. Qualquer politico nunca pode resolver estes problemas.

Ex-primeiro ministro Mori nao era popular perfeito. Mas para ele eu queria mencionar uma coisa. Ele tem o melhor senso sobre gravata do que o primeiro ministro atual. Eu posso me lembrar daquela gravata azul-escura com a padrao de peixes. Ele a punha uma vez por semana. E ela lhe ficava bem. Entretanto o primeiro ministro Koizumi nuuuuunca tem este senso. Quando ele assiste a alguma reuniao internacional ou encontra com alguma estrangeira importante, eu sempre tenho vergonha. Aquele homem nao e o representante do Japao, pelo menos quanto ao vestido".

A resposta é complexa. Não apenas o autor sabe que a popularidade de Koizumi é produzida pelos meios de comunicação, como igualmente identifica nos adultos que são "analfabetos políticos" a base de sustentação do primeiro-ministro no poder. De outra parte, não há "lugares encantados" onde possa ser despejado o capital japonês, já por demais colonialista, e nem há avanços tecnológicos que alterem significativamente o conjunto das forças produtivas do Japão, coisa que, evidentemente, nenhum político jamais poderia resolver, como ele bem observa. Diante de tal insegurança, o consumo individual cai, as pessoas passam a poupar, precavendo-se contra um futuro incerto. E, como se não bastasse, Koizumi não sabe nem se vestir a contento! Eis aí alguém que me parece bem lúcido, tem bom gosto e conhece o prazer do texto.

Fuchu-shi, 21 de dezembro do ano 14.

Apliques, suportes

1. Uma franja

EIS AÍ UM DESAFIO PARA PROUST. Como conseguir terminologia exata para descrever uma franja com quem me encontrei na seção de costura de uma loja de departamento, encarregada de ajustar as roupas que compramos? Estava eu lá esperando que fizessem as bainhas de minhas calças quando, do nada, surgiu aquela franja, posposta à sua portadora, que, no caso, não tem a menor relevância, apenas uma japonesinha semi-rechonchuda comum, com muito (talvez demais) ruge vermelho nas bochechas. Fiquei tão atônito que me aproximei para confirmar se era ou não um aplique: "Você...". Não, não era. Era "natural" mesmo. Mas como descrevê-la? Uma foto em *big close* resolveria todo o problema, mas não tinha máquina na hora e ela certamente não se deixaria fotografar. Tentemos.

Pegue sua franja e a divida em duas franjas. Não verticalmente, mas horizontalmente. Difícil, não? Passe muito gel na franja, digamos, de baixo, de modo que ela se tornará uma franja de apenas duas ou três dezenas de fios grossos e bem negros. Agora recurve fortemente para baixo esta franja, talvez deixando-a secar durante alguns minutos num apoio, num bobe. Lembre-se, a curva da franja de baixo acompanha a da testa, mas é mais acentuada, de modo que apenas as pontas dos poucos fios da franja de baixo voltam a tocar a testa pouco acima das sobrancelhas.

Agora, a franja número dois. Passe generosamente gel nela também. Mais gel. Então, enrole-a em outro bobe, mas agora em movimento contrário, para cima, de forma que as também poucas pontas da franja dois possam tocar o couro cabeludo a um ou dois centímetros além de onde nascem os cabelos da testa. Está pronto!

2. Pets

Está no *International Press* desta semana, o jornal brasileiro no Japão, a seguinte matéria: "Miniporcos consolam japoneses em crise econômica". O texto diz: "Deprimido com as crescentes taxas de desemprego e as incertezas sobre o futuro, um número cada vez maior de japoneses se volta para uma fonte insólita de consolo: porcos em miniatura. A mais recente moda dos bichos de estimação, os pequenos porcos são procurados por sua natureza dócil e formas corpulentas. Os porcos, originalmente criados para uso em laboratórios, variam de um décimo a um quinto do tamanho de um porco normal. Mas 'miniatura' é um termo relativo. Os miniporcos podem chegar a ter de vinte a sessenta quilos, tornando difícil a tarefa de mantê-los nas apertadas casas japonesas. Apesar disso, o número de pessoas, principalmente mulheres, que tem um deles quase dobrou em um ano, passando de duzentos a trezentos para quinhentos a seiscentos." *No comments*.

3. Eu quero te passar a mão!

Também no *International Press* desta semana, informa-se que a cidade de Nagoya (na província de Aichi) estabeleceu, há dois meses, vagões de metrô só para mulheres, buscando proteger as passageiras "de sujeitos indesejáveis que aproveitam o congestionamento humano só para tocá-las". Hilário. Numa sociedade onde o toque em público é um tabu, contudo, todos os dias, os cidadãos japoneses são obrigados a ficar integralmente colados uns aos outros dentro dos trens e metrôs. A matéria ainda esclarece que a cidade de Nagoya recebe em média quinze queixas diárias de passageiros homens, que consideram os vagões especiais uma discriminação. Até agora, já foram registrados no departamento de transportes mil e seiscentas reclamações por carta ou telefone, das quais setenta por cento procediam de homens. Adoraria saber os argumentos das mulheres, mas a matéria nada diz a esse respeito. Parece que está dando resultado: "Funcionários da prefeitura explicaram que o número de assédios sexuais diminuiu nos últimos meses na linha de metrô". Que pena...

4. ONCINHA

A senhora séria de mais de 35 anos que atende na loja de conveniência em frente à universidade extrapolou nesta semana todos os patamares. Entrei para comprar alguma coisa e lá estava ela com um aplique na cabeça. No caso, precisas e exatamente duas grandes e redondas orelhas de pelúcia bem em pé, simulando uma onça malhada, presas por uma tira abaixo do queixo. Não acreditam? Então venham para o Japão!

Fuchu-shi, 22 de dezembro do ano 14.

P.S.:

Por um completo acaso, fui dar de novo, mais de um ano depois, na mesma loja de departamentos onde encontrei a franja. Ela não é fortuita. Pelo contrário, estava lá, idêntica. Sua usuária a considera um modelo estável.

Fuchu-shi, 17 de fevereiro do ano de 16 de Heisei.

Casas de intolerância

Ninguém levantará o kimono da mulher japonesa.
MAGALHAINSU PINTO

HÁ MUITOS PROSTÍBULOS em Tóquio, caro leitor, como na maioria dos lugares do mundo. A região de prostituição de Shinjuku é mesmo uma das grandes do planeta, talvez só perdendo para Pequim, imagino, e outra de Tóquio. Em Shinjuku, milhares de *pubs* e boates, centenas de hotéis, dezenas de lojas de vídeo e revistas são praticamente inesgotáveis. Nas ruas, um verdadeiro exército de gigolôs distribuem filipetas com fotos de mulheres seminuas (mas nunca nu frontal exibindo a genitália, pois isto é uma proibição severa no Japão), nas esquinas muitas garotas e alguns garotos, que se dizem "massagistas", oferecem seus serviços, enfim, tudo como se pode imaginar.

Como o Japão tem suas próprias regras e uma tradição milenar de práticas sexuais, atestadas, por exemplo, pelos *ukiyoye* eróticos, e como tudo já foi pensado e elaborado e subdividido, pois estamos no próprio reino das hierarquias, há prostíbulos para quase todo e qualquer gosto e fantasia. Para detalhar esses pontos, estou aqui, agora, em Shinjuku, numa noite gelada de dezembro, com um amigo que está esclarecido sobre meus objetivos. Ele, guia bilíngüe. Eu, *ad hoc*, etnossexólogo, especialidade de fronteira que acabei de criar e da qual sou o primeiro *scholar*, na faina de preencher meu diário de zona. Percorrendo as vielas com inúmeras casas de sexo, afinal entramos numa pequena "loja" deveras singular, pois não há nada semelhante no Brasil, até onde sei. Este estabelecimento contém exclusivamente filipetas, de todos os tamanhos e formas, dos pequenos prostíbulos da região, e o aluguel bem como o funcionário que o dirige com certeza são pagos pelo conjunto desses prostíbulos. Nas paredes, alguns grandes cartazes das melhores casas do ramo com fotos pudicas para os padrões (ou a falta de) brasileiros. No máximo, um seio à vista. As filipetas, expostas como CDs, trazem informações sobre os serviços específicos de cada casa de tolerância. Tenho comigo já um bolo dessas filipetas com rápidas anotações que faço na contraface delas para poder apresentá-las. Praticamente, os estabelecimentos se subdividem em quatro tipos principais. Vamos a eles.

Se você quiser ser apenas tocado e dar uns beijinhos, algo bem *light*, há disponíveis centenas de casas de toque e beijo, muito freqüentadas pelos profissionais liberais, que passam por elas para relaxar um pouquinho antes de irem para casa e encontrarem suas esposas. Por trinta minutos, você gastará cinco mil ienes (cerca de cinqüenta dólares). Para aqueles que gostam de um bom *blow job*, há casas específicas para isto, onde só se faz isto e nenhuma outra coisa. Por quarenta minutos, o preço será de dez mil ienes; por cinqüenta, treze mil; por sessenta, dezesseis mil. A tabela de uma delas ainda apresenta preços até vinte e três mil. Se você é daqueles que não se satisfazem com uma mulher, mas com duas, há também: dezoito mil ienes por quarenta minutos. Por fim, há os estabelecimentos que possuem colchões de ar e oferecem sexo oral. A garota passará muito creme em você, uma cena de espuma no colchão. Por quarenta e cinco minutos, doze mil ienes; por sessenta minutos, dezesseis mil; por setenta e cinco, vinte mil. Como oferta, há uma garota disponível por cinqüenta e cinco minutos (que minutagem é essa?) ao preço de nove mil e novecentos ienes (!). Saí da loja observando ironicamente para meu amigo que eu tinha acabado de obter as provas definitivas de que, no Japão, sexo mesmo que é bom não há. Ele riu muito e ficou confundido, sem saber esclarecer-me, afinal, porque não havia propagandas de casas que oferecem simplesmente sexo completo. Algum tempo depois, lembrou-se: como a prostituição é proibida por lei aqui, nunca haverá propaganda dessas casas. Passou então a fornecer-me informações sobre outros tipos de serviços.

Os sadomasoquistas (correntes fincos lâminas) também encontram território amplo para liberarem com ou sem rédeas a sua imaginação. Mas se você é daqueles que odeiam sua namorada, não suporta a chatice dela ou mesmo o seu cheiro, mas não tem como dizer para ela quanto ela é detestável, não tem nem mesmo como se separar dela, pois se encontra preso a ela por cadeias irrompíveis, não há problema: aqui há casas próprias para resolver o seu problema. Nelas, você pode ofender a garota de programa dizendo, digamos, "boba!", "feia!", "não quero mais brincar com você!", e depois comê-la (ou não, para deixá-la bem tristinha mesmo). E ainda — sim! — há prostíbulos específicos para quem quer apenas comer uma mulher, pois você já devia estar imaginando, como eu, que sexo apenas convencional não ia aparecer, mas há também. Por fim, se você tiver muito, mas muito dinheiro mesmo, e souber os raríssimos endereços praticamente secretos, você pode assistir sexo ao vivo, com duas ou mais pessoas envolvidas. E há, igualmente, algumas prostitutas caríssimas, para executivos e outros nababos, que cobram cem mil ienes, o dobro ou mesmo mais. Atrizes famosas podem cobrar alguns milhões de ienes por uma noite.

Mas você, caro leitor, deve estar supondo que este "você" se refere a você. Engana-se. O "você" deste texto é única e exclusivamente o homem japonês ou o nissei e sansei que falem bem perfeitamente o japonês e, portanto, não são percebidos como estrangeiros. Em Tóquio, puteiros não recebem estrangeiros, o que é, sem sombra de dúvida, ainda que pobre, uma exata rima que, ao mesmo tempo, não é naturalmente uma solução. Para os estrangeiros, é possível ir a um outro bairro onde estão disponíveis prostitutas latino-americanas ou européias. Esse detalhe, que me foi explicado por esse mesmo amigo japonês, em meu entendimento é bastante revelador da hospitalidade deste povo em relação aos que vêm de fora. Se os prostíbulos estão, geralmente, entre os lugares mais baixos da sociedade e se eles no mundo inteiro são território livre para estrangeiros, a interdição japonesa dá bem a medida do que o resto da sociedade pensa de nós. Se nem em prostíbulos somos recebidos, imaginem livremente, e podem imaginar com muita liberalidade mesmo, o que os outros segmentos da sociedade pensam dos *aliens*, como somos aqui eventualmente chamados ou ainda denominados em papéis oficiais. Meu amigo relatou-me, ainda, a experiência que teve quando recebeu um nipo-brasileiro amigo dele e o levou aos prostíbulos. Ele falava perfeitamente o japonês e era fisicamente um japonês. Mas, como meu amigo esclarecia na entrada que ele era estrangeiro, davam desculpas dizendo que a casa estava lotada. Apenas em um estabelecimento o rapaz foi recebido.

É por isso que agora entendo uma história hilária que um amigo meu do Brasil me contou recentemente. Segundo ele, na sua juventude, circulava o comentário de que as xoxotas das japonesas (e, mais ainda, das mulheres do Oriente em geral) eram horizontais. Curioso, não? Aliás, recentemente, fiquei sabendo que essa piada circula ainda nos dias de hoje. Elas não seriam verticais, como qualquer uma usual, mas horizontais, o que evidentemente não criava empecilhos para a penetração mas, supostamente, talvez produzisse um tesão diferenciado, uma outra modalidade de fricção. Claro que a primeira pergunta que surge é: o clitóris ficaria no centro, embaixo ou em um dos lados? Uma segunda seria: na hipótese sem dúvida raríssima do cruzamento de uma japonesa com um ocidental, as menininhas ficariam oblíquas, em cruz ou xis, perpendiculares? Quantas possibilidades geométricas! Mas, continuando a história, algum tempo depois meu amigo pôde verificar *in vivo* a falácia de tal conversa, analisando detidamente uma japonesinha que ele comeu e vendo que não havia nenhuma diferença em relação às das brasileiras. Claro que um empirista radical diria que a amostra é insuficiente. De minha parte, também pude fazer a mesma verificação, mas em apenas um outro exemplar. Portanto, somam-se já duas verticais, o que não é muito, admito. Em sendo assim, nada está definitivamente comprovado e é possível que, aqui, a dominância sejam horizontais. Mas isto o Ocidente nunca ficará sabendo com absoluta certeza, constituindo-se então mais um dos inumeráveis segredos da milenar cultura japonesa guardados a sete chaves. Ou sete trancas.

17 de julho a 14 de dezembro do ano 15 de Heisei.

MÉDIAS

Faço ciência para saber até quanto suporto.
WEBER

DA ESTRUTURA MENTAL

EM TÓQUIO, também qualquer cão é indiferente a outro.

APARIÇÃO E POTÊNCIA

Necessariamente, quando um japonês vai aos seus exercícios físicos, como dar uma pequena corrida ou fazer, no máximo, três flexões na barra fixa, ele estará portando uma indumentária muito semelhante à de um astronauta. Porém adendem com generosidade mochilas, pochetes, chaveirinhos (e eventualmente máscaras).

TORTURA JAPONESA

Aqui, mesmo inúmeras árvores são supliciadas até a sua rendição integral. Donde uma árvore é um ovo é um cubo.

PÓS-PAN-ÓPTICO

Poder-se-ia dizer, se empregarmos uma linguagem estritamente biológica, que aqui se desenvolveu um como que instinto de obediência incondicionada. O que esclarece que todo o país seja uma pequena prisão sem grades.

THE HUNGRY

Se você vai se encontrar com um japonês (ou japonesa), não se esqueça de levar o *kit* completo: alho, água-benta, crucifixo de prata e estaca.

NO LIMIT

Então, se disserem para os japoneses que certa pedra ralada com *shoyu* é uma delícia, ouvir-se-á por todo o arquipélago (bem como em eventuais colônias japonesas espalhadas pelo mundo) um rac-rac-rac.

MANIA DE GRANDEZA

Como todo o planeta sabe, os japoneses são exímios miniaturistas. Pois bem: a única coisa no Japão que é maior do que a sua matriz é a *Disneyworld* daqui.

TRANS-IDENTIDADES

A grande diferença que há entre os Estados Unidos e o Japão é aquela que existe entre um velho novo-rico e um novo novo-rico.

DIVERSIDADE E ARROJO

Uma professora universitária sempre estará de *tailleur* ou de *tailleur*.

TRANSCULTURAL STUDIES

Como tudo pode a escritura acadêmica, alguém acabará um dia demonstrando de modo quase irrefutável que Capitu nunca passou de uma agente nipônica dissimuladamente infiltrada no romance de Machado de Assis?

TON SUR TON

Um japonês escoteiro é duas vezes um escoteiro. Ou duas um japonês.

DE SOSLAIO

Um japonês sempre estará olhando para você com um rabo de olho. Então, quando você encará-lo, ele nunca estará olhando para você.

A VERDADEIRA FÉ

Todo japonês católico, no mais íntimo e à sua revelia, é protestante. Sendo mais exato: um calvinista *quaker*.

DUAS MÁSCARAS

Que ninguém se iluda: a humildade e a subserviência excessivas são apenas o (mau) disfarce da empáfia, da arrogância, da presunção, numa palavra, da prepotência.

POLYANNAS

Grande número das moças japonesas sempre vai andar com os passos levemente voltados para dentro. Descrevo: ao dar o passo com o pé direito, a sua ponta deverá fazer um breve ângulo para o lado esquerdo, e vice-versa. Isso certamente é para não deixarem nenhuma dúvida de que elas são mesmo umas menininhas.

CAREFULL WITH THAT AXE, EUGENE

Se a mulher japonesa é a metáfora do Japão, como querem alguns, pensemos na pintura de Claude Monet, intitulada *Japonnerie* ou *La Japoneise*, em que no quimono da gueixa pode ser entrevista a figura de um guerreiro ameaçador.

RAZÃO DE PAVLOV

Mesmo quando se despedem ao final de um telefonema, alguns japoneses fazem com o torso delicadas e reverenciais flexões para a frente.

MATEMATIZAÇÃO DA NATUREZA

Fiéis ao velho sonho cartesiano, e após a emergência da melancia quadrada, cientistas de ponta (sempre suprimida, para não ocupar espaço) do Japão esperam para breve anunciar ao mundo os métodos para a obtenção do alface-A4.

TALVEZ THOREAU, PRIMEIRAS LIÇÕES

Os japoneses não atravessam a rua se o sinal está fechado. Mas se você atravessa, alguns vão imitá-lo, ou porque aprendem rápido os rudimentos da desobediência civil, ou porque não querem demonstrar que são excessivamente bocós. O leitor inteligente já escolheu a hipótese mais provável.

THE PINK AND THE BRAIN

Todo japonês quer ser Cérebro (para, naturalmente, "tentar dominar o mundo").

EM ORDEM

O mapa do Japão é uma fila. As casas são uma fila. Em qualquer tempo e lugar em que você esteja, os japoneses estarão em fila.

SAGACIDADE AMARELA

Não há confirmação histórica absoluta, mas comenta-se que nas antologias medievais de poesia japonesa, ao lado de um grande autor ainda pouco conhecido eram colocados poetas medíocres para nobilitar o primeiro.

ESPONTANEIDADE

Raramente garotos japoneses têm amigas ou vice-versa. Na sala de aula, geralmente os homens sentam de um lado e as mulheres de outro. Portanto, é fácil saber quando um garoto e uma garota estão namorando na universidade. Eles estarão andando lado a lado, sem se tocarem, com a cabeça levemente inclinada para o chão, falando baixo e a meio metro de distância um do outro.

Fuchu, 17 de julho a 17 de dezembro do ano 15 de Heisei.

HAI!

I got to have Kaya now
BOB MARLEY

Chave disléxica:

HAI: sim (em japonês). Atenção: mesmo as mulheres devem falar bem alto este monossílabo e de uma maneira máscula, ríspida e rouca, como se fosse um curto grito de guerra.
KAYA: só eles não sabem.

Fuchu-shi, 25 de novembro do ano 15 de Heisei.

PROPAGANDA ENGANOSA

TODOS OS ANOS, os estudantes da universidade realizam suas festas durante uma semana, como já disse antes. Comidas (malfeitas) de vários países, música, dança, teatro, exposições de fotos ou ikebana, lojas com produtos, por exemplo, do Tibete etc., tudo o que se pode imaginar em festas universitárias, quer sejam no Japão ou em Marte. E não faltando nada: a sujeira, o mau gosto, os excessos juvenis (que aqui são mínimos, naturalmente). No fundo, trata-se de um fato quase intrigante: como é possível uma repetição tão perfeita, a cada ano, do mesmo, e com tanta indiferença? Eu não teria, portanto, nada a comentar não fosse um pequeno incidente.

Encontrei-me na festa deste ano com um amigo que, muito animado, me convidou a ir assistir a Dança dos Sete Véus, promovida por algumas garotas da universidade, pertencentes ao, digamos, "Clube da Dança dos Sete Véus". A fila era enorme, pois a performance é concorridíssima no âmbito do festival universitário. E, como é óbvio de se imaginar, o público, majoritariamente masculino. Depois de algum tempo entramos numa sala de aula transformada rapidamente em tenda com cetins cor-de-rosa (não poderia ser de nenhuma outra cor) nas paredes e no teto. Após tirarmos os sapatos, sentamo-nos desconfortavelmente no chão coberto de tapetes improvisados.

Alguma espera, as luzes se apagaram e o *show* começou. Garotas com o umbigo de fora, lindinhas, requebravam em nossa frente para êxtase da platéia masculina que aplaudia com fervor e indisfarçável excitação quando elas acabavam seu número. E assim se seguiram três músicas, quatro dançarinas.

E véus? E os sete véus?! Não há como negar que essas garotas foram bem espertinhas em sua leitura libérrima (melhor diríamos: travadíssima) da clássica dança. Nenhum véu. O que eliminava o grave problema de eles terem de ser retirados um a um. Claro que a platéia não percebeu nenhuma diferença entre essa dança dos não-sete véus e a verdadeira, até porque ninguém aqui parece conhecer os protocolos da dança legítima.

Quando acabou o espetáculo, quase fiz uma intervenção em alto e bom som e solicitei ou a mudança do título na propaganda estampada do lado de fora da sala, ou a devolução de meu ingresso por se tratar de uma evidente ocorrência de propaganda enganosa. Vivendo e comendo gato por lebre. Acho que aqui não tem Procon.

Fuchu-shi, 25 de novembro do ano 15 de Heisei.

Tarjas de segurança

Quem tem pinto saco boca bunda cu buceta quer amor
ARNALDO ANTUNES

O JAPÃO PARECE ESTAR VIVENDO, ao longo do século XX e ainda no início do XXI, um movimento retroativo no que diz respeito ao erotismo e à pornografia veiculados no espaço público. Comparando-se com a incrível liberalidade sexual do teatro kabuki em seus primórdios ou com a obscenidade inclusive grotesca de milhares de *ukiyoye* eróticos e pornôs dos séculos XVIII e XIX, a moral japonesa manifestada publicamente se agarrou a um sistema vitoriano de comportamento e aparição que chega a ser cômico. Enquanto todo o movimento de grande parte do Ocidente, principalmente dos anos 60 para cá, foi no sentido de incrementar uma enorme e muitas vezes escrachada, impudica, imoral ou amoral liberdade de comportamento sexual, o Japão preferiu um modelo de austeridade e ocultação do que todo mundo faz. Houve, sem dúvida, o interregno contracultural dos anos 60, mas foi esmagado pelas forças repressivo-moralistas do país. Por outro lado, alguns aqui entendem que essa ocultação é apenas uma outra maneira de jogar com a sedução e de excitação do desejo. Duvido. Para um ocidental, geralmente será, em uma palavra, broxante.

Desde que cheguei aqui, como qualquer estrangeiro, tentei obter informações sobre a indústria do erotismo e da pornografia. Foi inútil tentar perguntar para os próprios japoneses a esse respeito, já que tais assuntos são tabus e eles morrem de vergonha de falar sobre qualquer coisa que se refira a sexo, como se fosse pecado (num país sem Deus!) ou se sentissem culpados. Na língua japonesa, quase não há palavrões, e mesmo um termo inofensivo, infantil, como "bunda", é impronunciável para um japonês. Tive, então, de me virar por minha própria conta e fui, lenta e dificilmente, montando algumas peças do quebra-cabeça. Este texto reúne os poucos dados que consegui obter.

Perto de minha casa há duas máquinas muito estranhas, que ficam meio escondidas num canto de uma das vielas que dão acesso à estação de Tama. Logo nos primeiros dias elas me chamaram atenção. Parecem uma dessas máquinas de vender cigarros ou refrigerantes, mas, curiosamente, seus vidros são bastante opacos, espelhados, não permitindo visualizarmos o que há dentro delas. Exatamente por isto, fiquei muito curioso. O que seria uma máquina de vendas cujos objetos não poderiam ser visualizados? Uma nova lógica do mercado capitalista envolvendo a regra do risco total? Ponha uma moeda e compre qualquer coisa?! Eis aí uma idéia charmosa, "capetalistas"...

Por acaso, passando por essa viela ao voltar do trabalho, tudo se "esclareceu". À noite, as máquinas possuem uma luz tênue. Em uma delas, a luz permite ver, em seu interior, revistas pornográficas, fitas de vídeo e DVDs. A outra vende apenas revistinhas eróticas. Fui lá e adquiri uma fita. Quando cheguei em casa e pus a fita no vídeo, surpresa! Afora o amadorismo da filmagem com uma única câmera, a presença de apenas dois atores durante todo o filme — uma garotinha e um rapaz que nem poderiam ser tomados propriamente como modelos de atração —, toda a fita estava tarjada. Lembram-se de *Laranja mecânica* quando passou pela primeira vez no Brasil? Mas aqui a tarja não é de bolinhas negras que correm pelo vídeo, mas de quadriculamentos da imagem nas partes, digamos, pudendas, dos atores; quadradinhos que ficam se movendo de um lado para o outro a cada movimento dos protagonistas. Achei que meu vídeo estava estragado, que eu não estava sabendo operá-lo e tive a paciência de testar os mais de setenta botões dele (não é exagero: o controle remoto tem mais de setenta opções) para concluir, ao final, que não, a fita era realmente tarjada pelo próprio fabricante. Aliás, na caixa do vídeo as imagens já eram tarjadas, o que impede que qualquer um considere tratar-se de propaganda enganosa. Não, é sincera mesmo.

Pensei, então, que aquilo ocorria porque era uma máquina de um bairro periférico numa cidade suburbana. Decidi, portanto, ir ao lugar certo. Numa tarde de sábado, peguei um trem para Shinjuku e cheguei à grande região de prostituição, com *sex shops* e lojas de revistas e vídeos. Ou mais exatamente, uma única *sex shop* que consegui localizar por lá, com uma vitrine meio oculta expondo falos monumentais e outros penetrantes. Entremos numa loja de vídeos: rapidamente descobri que a loja não alugava fitas para levar para casa. Elas deveriam ser assistidas ali, em minúsculas cabines no segundo andar, onde você encontrará uma confortável cadeira de tipo piloto de avião, uma TV, um vídeo, lenços de papel e lixeira. Pegue sua cestinha de supermercado, encha-a, pague e suba para sua cabine. Foi o que fiz, levando cinco fitas. Todas mal filmadas, todas tarjadas. Evidentemente, desisti de concluir a avaliação. Mas passei por uma loja que vendia fitas e mil e um objetos para fazer sexo e pude constatar que os milhares de fitas que estavam lá dentro eram tarjados. Mesmo as estrangeiras, pois não há circulação de fitas importadas, a não ser, suponho, num mercado mais que negro. Nas lojas, todas as fitas estrangeiras que estão à venda são regravadas no Japão e devidamente censuradas com os indefectíveis quadriculamentos móveis.

"E as revistas?", pensei. Comprei uma. Toda tarjada. Algum tempo depois, encontrei ao lado da lata de lixo de meu prédio uma verdadeira montanha de revistas devidamente amarradas, pertencentes a algum vizinho que, deduzi depois, era um obcecado. Aquilo me despertou a curiosidade. Por que amarradas? Desamarrei um pacote e vi que eram revistas de nus femininos. Folheei algumas, todas tarjadas. Jamais um *close* realmente explícito, somente os seios à vista. Se há nu frontal, ele é à média distância, algo de cinco metros para mais. Se é de pouca distância, os órgãos genitais femininos estão devidamente disfarçados por causa do ângulo da foto, ou dos enormes topetes que ostentam as japonesas. Que topetudas! E quando a fotografia é realmente mais próxima, a imagem será tarjada. Também, em não poucos casos, as garotas estarão simplesmente vestidas com biquínis enormes ou cobrindo os seios ou a genitália com as mãos.

Curiosamente — e à diferença do Brasil — em toda loja de conveniência de Tóquio (e há literalmente milhares), qualquer um pode encontrar um bom número de revistinhas eróticas e pornôs que não ficam em sacos plásticos. Claro que raramente vi um japonês olhando-as, a não ser velhinhos mais ousados. Os mais jovens devem fazer isso em horários nada comerciais. Mas, mesmo assim, não haveria problema. Por quê? Porque a totalidade dessas revistas é tarjada. E mais curiosamente ainda: japoneses são tarados por ninfetas. Todas as garotas são, na realidade, garotinhas. Se não apresentassem sua certidão de nascimento, poderíamos jurar que estão entre os quinze e os dezessete anos. Nunca vi uma mulher madura, sempre essas mininhinhas. E se há um homem na foto, seus olhos serão tarjados de preto ou quadriculados. Se ele está fazendo ou recebendo sexo oral, a imagem será sempre quadriculada, impedindo qualquer visualização. O mesmo para as cenas de copulação, sexo anal, penetração com objetos etc. Também diversas modelos têm os olhos quadriculados para não serem identificadas e algumas tapam os olhos com a mão enquanto levantam a sainha com a outra.

Sendo ainda mais concreto e para que o leitor tenha uma imagem detalhada do que estou dizendo, tenho aqui ao meu lado uma dessas revistinhas (do tamanho de um gibi) que anunciam vídeos eróticos, e passo a transcrever o que vem escrito nas tarjas. Sim, elas não são apenas tarjas, pois contêm mensagens para o *voyeur*. Elas dizem: "SORRY NG SO HEAVY", "*Danger/ zone/ sorry!*" (esta ainda cruzada com um grande X por baixo das palavras, isto tudo dentro de um círculo rosa tapando o sexo da garotinha), "NG TOP SECRET" (escrito em negro dentro de um círculo amarelo), "CAUTION! IT'S A DANGEROUS TO SEE NG!", ou, ainda, apenas círculos coloridos, alguns simulando espirais de fogo, com as iniciais "NG" em seu centro (possivelmente, "NG" quer dizer "no good"). E mesmo nas histórias em quadrinhos eróticas, os órgãos sexuais são quadriculados ou tarjados. Há, ainda, algumas dessas revistinhas que têm, dentro, encartes lacrados. Pensei com meus botões: humm... então nesses encartes afinal a coisa rola solta! Ledo engano. Nem entendo por que há esses encartes lacrados, pois as fotos neles presentes são idênticas (tarjadas, portanto) às outras fotos presentes na revista.

Coisa a anotar é que jamais vi no mercado japonês material pornográfico impresso de outras partes do mundo. Creio que deve ser rigorosamente proibida a entrada. Mesmo de uma severa e senil *Playboy*. Por outro lado, em alguns jornais diários japoneses, mais exatamente nos jornais de esportes, há farto oferecimento de sexo, com mil anúncios de prostitutas e fotografias tarjadas. Os preços geralmente giram em torno de quinze mil ienes (mais ou menos cento e quarenta dólares) por uma hora (há outras frações de tempo meio incompreensíveis, como quarenta ou cinqüenta minutos!, quando o preço sofre ligeira redução). Quinze paus é baratinho, pois em Kyoto, no bairro das gueixas, se é uma garotinha ainda virgem e muito linda, pode-se pagar até dez milhões de ienes (algo acima de nove mil dólares) pela primeira noite...

Decidi aprofundar minha investigação. Pensei agora: e o universo *gay*? E o lésbico? Certamente, deduzia em minha ingenuidade, o material *gay* seria mais escrachado, até porque se constituiria em uma prerrogativa masculina a maior liberalidade. No que diz respeito às lésbicas, o material (impresso ou fílmico) dirigido especificamente para este público é mínimo, como era de se esperar. Até porque as revistinhas das lojas de conveniência também cobrem essas práticas, sempre estampando duas ou mais menininhas se bolinando para gáudio dos homens. Fui então atrás dos produtos para *gays*. Milhares de fitas e dezenas de publicações impressas. Tudo tarjado, tudo censurado, órgãos sexuais, olhos etc. Mesmo se é história em quadrinhos. E as revistas *gays* são, em uma palavra, risíveis. Nelas, os "modelos" são ou um *daddy* barrigudo pré-sumô, bem rechonchudo mesmo, branco e imberbe, ou um japonesinho esquelético (os japoneses, via de regra, são esqueléticos, como se vivessem numa fome danada) e com cara de menina. Sobre alguns desses ninfetos, se víssemos só o rosto, juraríamos que são mulheres. Os antípodas absolutos, portanto, dos padrões de beleza masculina hoje em voga no Ocidente. Por uma questão de raça, mesmo um praticante de luta livre no Japão que se exercite o dia inteiro não terá um corpo com definições musculares claras. Pelo contrário, ele, no máximo, estufará ficando mais e mais redondo. Coisa que a iconografia e a estatuária clássicas expostas nos museus apenas confirmam. Quando as revistas estampam um modelo masculino com (sempre) exagerada definição da musculatura generosa e mesmo peludo, trata-se de um desenho, o que sinaliza as figurações de um desejo irrealizável.

Outro detalhe (nada desimportante ou menor) é o enorme número de material erótico, revistas e vídeos, de *fist-fucking*.

É claro que meu levantamento acaba sendo limitado. É possível que haja material que exponha sexo explícito no Japão, mas eu não consegui localizá-lo. No máximo, pude ver revistas mais agressivas, tipo sadomasoquistas, com corpos borrados de vermelho simulando sangue, correntes, grampos, fincos, chicotes, pregadores de metal, caixões etc. Fico pensando até quando isso vai durar. Acho impossível que muito. Qualquer garoto ou garota, depois do mundo da internet, pode navegar por milhares, milhões de *home pages* ocidentais que apresentam farto, infinito material erótico envolvendo pessoas, instrumentos, objetos e o que mais a imaginação imaginar. E fico ainda pensando o que será a transformação da idéia de liberdade sexual num lugar travado como este. Tenho receio de elucubrar a esse respeito. De qualquer modo, seria muito interessante possuir dados sobre a freqüência dos japoneses a estas páginas ocidentais, coisa que é impossível, por certo, de ser obtida aqui, já que ninguém vai falar nada. Mas não o contrário, pensando em termos meramente técnicos.

Fuchu-shi, 9 e 10 de dezembro do ano 15 de Heisei.

Flor que se cheire

Toda nudez será castigada.
O Venerável

Cornus florida.

Ilustração extraída de um provável e contemporâneo livro japonês de botânica aplicada.

Fuchu-shi, Tóquio-to, 16 de março do ano 16 de Heisei.

Meu coração na curva

Faltam poucos dias para meu embarque definitivo para o Brasil, depois de três anos em Tóquio. Demorarei muito tempo para poder assimilar em parte tudo o que vivi e conheci aqui, lugares, atmosferas, pessoas, costumes, obras de arte. É um lugar-comum dizer que sentirei saudades pois, mesmo aqui, no último ano, já percebia o que seria a ausência, antecipando a sensação que terei após abandonar o Japão, lugar admirável que marcou definitivamente minha sensibilidade, minha vida, e definiu em boa medida meu futuro.

Mas hoje, ontem, nas últimas semanas, a experiência dominante é a de alguma coisa que está acabando, do que deixou de ser feito (quanta coisa!), do fim de cada detalhe do cotidiano que tive de construir aqui: o último cartão para ligações internacionais, o último litro de leite, a última vez que passarei por certa rua. E de repente percebo quanto essas experiências de ruptura, de encerramento e reabertura de outros campos fizeram parte da minha vida nos últimos anos. E como a convivência com os japoneses pode ter contribuído para que a vivência do fim, da morte das coisas, não seja tão dramática como geralmente é para os ocidentais de hoje. Estou triste, mas não tanto; voltar para o Brasil será outra coisa e estou interessado nisso. Levo comigo alguns amigos especiais, certas paisagens, imagens, gestos e situações.

E ao pensar na morte das coisas noto quanto minha vida foi casualmente cheia de cemitérios no Japão, o que parece um assunto bem pertinente para uma última crônica. De tantos textos que eu ainda poderia ter escrito, a ironia ou a melancolia parecem impor este. Alguém já disse que uma cidade só se conhece se visitamos os seus cemitérios. Sempre concordei em parte com isso, freqüento geralmente os cemitérios das cidades que vou conhecer e não foi diferente aqui. Ou melhor, é preferível contar algumas coincidências.

Na semana em que cheguei, hospedei-me em Sugamo até me mudar para um apartamento. Para sair de onde eu estava hospedado e voltar, passava por dentro do cemitério de Sugamo, que estava especialmente belo. Tive a sorte de chegar ao Japão no auge da floração das cerejeiras. As árvores do cemitério de Sugamo são enormes e constituem um conjunto bem especial, dos cemitérios o melhor conjunto. Ainda que possa se parecer apenas de longe com um cemitério ocidental, porque também tem lápides, há centenas de estatuetas orientais, de pequenas a grandes, e um detalhe que transforma integralmente a sua imagem: nos túmulos há diversas, por vezes dezenas, ripas de madeira (podem ter entre um e dois metros de altura, com sete ou oito centímetros de largura e um centímetro de grossura) com reentrâncias laterais na ponta formando um contorno recortado e os dois lados escritos em sânscrito, com mensagens e assertivas que os próprios japoneses já não lêem, salvo alguns. São milhares de pequenas tabuinhas, desde novas a escuras, velhas, espetadas dos lados e por trás da lápide, em pequenos canteiros. Fiquei tão interessado nesses objetos que tive de fazer um enorme esforço para ter alguns. Meu desejo de possuí-los e trazê-los para o Brasil despertou sempre um profundo espanto entre os japoneses, que ficavam um pouco horrorizados. Fiquei tão acostumado que esclarecia logo que era para o meu futuro túmulo. Um grande amigo, afinal, conseguiu algumas para mim, dizendo para o bonzo de seu templo que eu era um antropólogo fazendo uma pesquisa em torno desses materiais. Infelizmente, creio que vou embora de Tóquio sem voltar ao cemitério de Sugamo, o que é ruim, pois seria como fechar um ciclo. Inclusive porque novamente as cerejeiras estão em flor nesta semana.

Fiquei encantado com o cemitério de Sugamo, mas não sabia que em poucos dias eu estaria morando em frente ao cemitério de Tama, que é a paisagem de um lado do meu entorno durante todos esses anos. Em minha casa reina um silêncio tumular, portanto. Um cemitério enorme, mas plano; o de Sugamo, mais antigo e misterioso, possuía também um relevo diferenciado. Cruzei o cemitério de Tama de bicicleta dezenas de vezes para comer do outro lado, principalmente macarrão chinês frito, que adoro. É um cemitério singular. Não tanto pelos túmulos e árvores, o cemitério não é belo, mas porque nele estão enterradas pessoas importantes, principalmente escritores. Só nestas últimas semanas fiquei sabendo que Mishima está enterrado a algumas centenas de metros de mim. Fui lá a pé. Voltei do meio do caminho, o túmulo é longe e estava um frio cortante. Voltei alguns dias depois de bicicleta, investiguei, investiguei e não achei o túmulo. Dias depois, fui lá de novo pedalando, agasalhado até os dentes, com o nome de Mishima escrito em *kanji*, um mapa etc., e não consegui. Fracassei pela terceira vez e não me conformo de ir embora sem ter visto o túmulo dele.

Não bastasse o cemitério, toda a região ao redor gira em torno das "atividades" fúnebres, digamos assim. Isto fez com que eu rapidamente percebesse que vivia em meio a uma verdadeira "indústria da morte", expressão que cunhei e que fez um amigo japonês gargalhar. Muitas lojas de venda de lápides, floriculturas com arranjos específicos para túmulos, diversas pequenas fábricas de túmulos e adereços: estatuária, vasos etc.

Os carros funerários são um capítulo à parte. Imaginem um enorme carro negro de filme norte-americano dos anos 50 e ponham, literalmente, em cima dele, um bangalô chinês dourado e com outras cores, bem detalhado. O interior de alguns desses carros também pode ter um tratamento assemelhado. Algumas dessas lojas são estranhíssimas. Dentro delas há enormes mesas e dezenas de cadeiras, podendo parecer um grande refeitório. Nunca, em três anos, vi qualquer uma dessas mesas cheias de pessoas sentadas. Geralmente estão vazias, mas foram pensadas, creio, para receber os membros de um velório. Esse meu amigo ainda complementou a morbidez de toda a circunstância contando-me — e rindo — que alguns alunos moram em apartamentos ou cômodos alugados exatamente em cima dessas lojas.

As pessoas chegam em grande número, diariamente, ao cemitério de Tama, para visitar ou enterrar as cinzas dos mortos. Nos dias do calendário religioso são milhares de visitantes. Quase todos sempre vestidos de preto, homens e mulheres, dos pés à cabeça, geralmente roupas muito distintas. Levam um pequeno balde de madeira, pesado, com uma pá dentro, flores, eventualmente novas ripas de madeira para substituir as velhas. Muitas dezenas de famílias têm o seu próprio balde, gravado com o seu nome, e passam na loja para pegá-lo. Nunca vi um japonês chorando ou mesmo claramente triste no cemitério ou nos enterros que eventualmente presenciei. Pelo contrário, todos muito calmos, conversando normalmente mesmo que não de forma expansiva. Isso me faz lembrar um comentário de um amigo japonês, relativo ao terremoto de Kobe há alguns anos. Uma mulher entrevistada sorria relatando que todos os seus familiares tinham morrido, imagem que teria chocado o Ocidente.

Um outro dado muito curioso é encontrar nos cemitérios (no de Tama eu já vi algumas vezes) pessoas que estão ensaiando instrumentos musicais. É impossível tocar uma guitarra, um sax ou uma bateria numa casa japonesa, as paredes são de "papel". Se no Brasil as pessoas fazem isso em seus apartamentos, é horrível para os outros moradores. Aqui, claro, certas regras de civilidade impedem, *a priori*, que alguém arme a sua bateria no seu apê e passe a tocar. Quem quiser, instale seus aparelhos em lugares permitidos, como um cemitério. Chega alguém em seu pequeno furgão, tira alguns aparelhos e caixas que fazem a base e o dito-cujo sola em cima, com sua bateria ou um sax e lá fica horas tocando.

Como Tóquio tem centenas de templos, desde muitos pequenos a alguns maiores, cada um deles também terá um cemitério, afora os outros da cidade. São mesmo inúmeros. Multiplicaram-se durante e depois da Segunda Guerra Mundial, quando alguns grandes cemitérios foram destruídos pelas bombas, outros criados pela necessidade de enterrar os mortos da guerra e outros surgidos a partir do traçado urbano que a cidade tomou nos últimos sessenta anos. Mas visitei três mais incomuns nesse período. Primeiro, o cemitérios dos imperadores, onde se encontram enterrados quatro membros da família imperial, inclusive Hiroito, estando em preparação o túmulo da esposa dele quando fui lá. Um cemitério gigantesco, um bosque belíssimo, para cinco mortos até o momento. Cada túmulo, uma cúpula com talvez vinte metros de diâmetro e cinco metros de altura, de pedra. Esses mortos são visitados como se fossem deuses, pois é isso o que significa a família imperial para um japonês comum.

Em segundo, o cemitério para os estrangeiros de Yokohama, construído a partir de fins do século XIX. Um cemitério preponderantemente protestante, no alto de uma colina com vista para a baía. Um belo lugar. E uma curiosidade: quase todas as grandes lápides estavam partidas, algumas restauradas e outras incompletas, o que parece a própria morbidez suplementada. Sobreviveram em parte ao terremoto de Tóquio dos anos 20. O interessante é que, de qualquer forma, as peças originais foram mantidas. Talvez, num cemitério japonês, a tendência fosse apagar esse tipo de vestígio substituindo a lápide por uma nova.

O terceiro foi ainda mais importante para mim. Há dezenas de templos bem antigos encravados na malha intrincadíssima da Grande Tóquio, um dos lugares mais labirínticos do mundo, com certeza, pois são milhares de ruas bem estreitas, nem sempre retas. Depois de muita procura, eu e uma amiga, numa tarde já bem fria de outono, conseguimos chegar quase às cinco horas num pequeno templo, entramos pela lateral e encontramos um também pequenino cemitério, duas ou três dezenas de sepulturas. E lá estava enterrado Hokusai. Passei o ano de 2002 e o início de 2003 envolvido com a tradução de uma centena de poemas de José Juan Tablada, poeta mexicano que viveu aqui em 1901, um século antes de mim. Ele escreveu dezenas de poemas sobre o Japão, dentre eles um bem extenso sobre Hokusai, fazendo referência ao último haicai do pintor que estaria gravado no seu túmulo. E fomos lá conferir o fragmento do poema:

> Como un pino lleno de nieve
> desvanecido en el sutil
> fulgor lunar que su luz llueve,
> vio a Okusai, el año mil
> ochocientos cuarenta y nueve...
>
> Y la tumba dice su historia
> bajo un bosque de Hiroshigué,
> aquí yace el que en vida fue
> "el de la pintoresca gloria,
> el Caballero de la Fe..."
>
> Kami Okusai, un culto intenso
> rindo a tu alma, como a un dios,
> y le ofrezco varas de incienso,
> jugosas frutas, blanco arroz.

Hora de partir, apagar a luz. Acho que agora vou envelhecer com mais jovialidade, na mente ecoa outro poema de Tablada:

> Envuelto en los suntuosos brocados de la Sérica
> y exornado de jades, mi numen es de América,
> y en el vaso de ónix que es mi corazón,
> infundiendo a mi sangre su virtud esotérica,
>   ¡florece un milagroso
>   cerezo del Japón!

Fuchu-shi, Tóquio-to, 28/29 de março do ano 16 de Heisei.

Este livro, composto na fonte Fairfield
e paginado por Alves e Miranda Editorial,
foi impresso em pólen bold 90g na Imprensa da Fé.
São Paulo, Brasil, no outono de 2005.